RUSSIAN
MADE EASY
LEVEL 2

An Intermediate Russian Workbook
To Build Essential Vocabulary And Grammar With Ease
(Russian Audio Lessons Included)

Lingo Mastery

ISBN: 978-1-951949-93-8
Copyright © 2025 by Lingo Mastery
ALL RIGHTS RESERVED

No part of this book may be reproduced, stored in a retrieval system, or transmitted in any form or by any means, electronic, mechanical, photocopying, recording, scanning, or otherwise, without the prior written permission of the publisher.

The illustrations in this book were designed using images from Freepik.com.

CONTENTS

Introduction 1

HOW TO GET THE AUDIO FILES 3

Unit I – Family & Relationships 4

    Exercises 13

Unit II – At the Doctor's 26

    Exercises 38

Unit III – Holidays & Traditions 52

    Exercises 68

Unit IV – Going on Vacation 82

    Exercises 92

Unit V – Looking For a Job 108

    Exercises 119

Unit VI – Healthy Lifestyle 136

    Exercises 144

Conclusion 158

Grammar Appendix 159

Answer Key 163

INTRODUCTION

Dear reader, if you're holding this book, it means you've come a long way: you've mastered Russian at the elementary level and are ready to expand your knowledge and skills. We're really proud of you, because we know how much patience, diligence and self-control it takes to learn a foreign language and to keep striving for better and more extensive results.

Now that you're ready to embark on a new journey and face new challenges, we're delighted to offer you this book. It has been written with the idea that you're familiar with A1-A2 Russian grammar and vocabulary, and are ready to take the next step: mastering B1 material and approaching B2 level. However, this book will also be useful for more advanced students to review familiar words and constructions and to hone the skills they have acquired.

WHAT'S INSIDE THIS BOOK?

The book is divided into six units:

- Family & Relationships
- At the Doctor's
- Holidays & Traditions
- Going on Vacation
- Looking For a Job
- Healthy Lifestyle

Each unit contains a text for reading and listening, vocabulary on the topic, grammar rules, and exercises.

OUR TIPS FOR WORKING WITH THE MATERIAL IN THE BOOK

Texts for reading:

We believe that words and grammar constructions are only valuable if you can use and understand them freely. That's why we start every unit with a text that includes grammar and vocabulary for the topic and gives you an idea of what you're going to learn. Read, listen, and compare the texts with the provided translations. You'll see the differences between how things work in Russian and English.

Vocabulary lists:

The goal of these lists is to help you learn new words. Of course, no one expects you to memorize them right away. Just familiarize yourself with the vocabulary, praise yourself for knowing some of the words, and move forward. When you do the exercises, you will return to the lists. You may find it convenient to print or make a copy of the vocabulary lists so that you always have them at hand.

Grammar rules:

Our advice here is similar to that for vocabulary: don't try to memorize things right away. Instead, analyze the explanations, comparisons, and examples provided to make sure you understand how the rules work. Also, remember to consult the grammar appendix as needed.

Exercises:

There are exercises that focus on vocabulary, grammar, or a combination of both. If it's a vocabulary exercise, you won't find an English translation in it: the goal is to understand the context and make sure you can use new words correctly. But feel free to use a dictionary. In grammar-focused exercises and some combined ones, you'll find the English version of the sentences and texts: the goal is to practice new endings and concepts, and we don't want the context to get in the way. Still, we strongly recommend that you use the translation only after you've tried hard enough to complete the task without it. Finally, make the most of the conversations at the end of each set of exercises. These conversations contain many real-life expressions. You can greatly improve your fluency and comprehension by analyzing and role-playing the conversations.

Anything else we wanted to say? Yes. Don't be afraid to make mistakes. Mistakes are not a sign of weakness; rather, they are a sign that you are moving forward. Make mistakes, analyze them to see what you need to improve, keep working, and before you know it, those mistakes will turn into achievements. Good luck!

This headphone symbol next to a paragraph or dialogue indicates that audio content is available for the corresponding section.

 This headphone with a pencil next to an exercise means that you will need to refer to the corresponding audio content to complete the exercise.

HOW TO GET THE AUDIO FILES

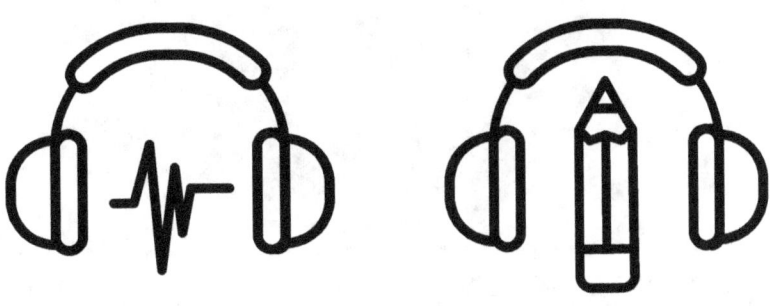

Some of the exercises throughout this book come with accompanying audio files.
You can download these audio files if you head over to:
www.lingomastery.com/russian-me2-audio

If you're having trouble downloading the audio, contact us at
www.lingomastery.com/contact

1

FAMILY & RELATIONSHIPS

МОЯ СЕМЬЯ
MY FAMILY

(Find audio on page 3.)

Привет, меня зовут Оля. Я просто обожаю свою семью и могу **рассказывать о ней часами**. Вот наше последнее фото.

Hi, my name is Olya. I just love my family and can **talk about them for hours**. Here is our latest photo.

Это мои **бабуля** и **дедуля по маминой линии**. Они **познакомились** в школе и **поженились**, когда им было по восемнадцать. Они мой пример **взаимопонимания**.

These are my **grandma** and **grandpa on my mother's side**. They **met** at school and **got married** when they were eighteen. They are my role model for **understanding each other**.

А это бабушка по папиной линии. К сожалению, она **вдова**. Её муж, мой дедушка, **покинул нас** пять лет назад. Мы **стараемся** не **оставлять** бабулю **одну**, мы с ней часто **созваниваемся** и **встречаемся**, когда я приезжаю домой.

And this is my grandmother on my father's side. Unfortunately, she's a **widow**. Her husband, my grandfather, **passed away** five years ago. We **do our best** not **to leave** Grandma **alone**; we often **call each other** and **meet** when I come home.

Это мои родители, они **создали семью** чуть позже, когда им было по двадцать пять. Они **не спешили** жениться, **потому что** сначала хотели **получить образование**. Сейчас они **на пенсии**, но в моём детстве папа **много работал**, чтобы **обеспечить семью**. У мамы есть высшее образование, но она **оставила работу ради** семьи и стала **домохозяйкой**. Она говорит, что **не жалеет** об этом.

These are my parents. They **started a family** a bit later, when they were twenty-five. They **didn't rush** into marriage **because** they wanted to **get an education** first. They are now **retired**, but in my childhood, Dad **worked a lot** to **provide for** the family. Mom has a higher education, but she **gave up her job for the sake of** the family and became a **homemaker**. She says she **doesn't regret** it.

Это мой **младший** брат и его жена. В детстве у нас с братом были **непростые отношения**. Мы часто **ссорились**, не понимали друг друга, а иногда даже **дрались**. Сейчас **всё по-другому**. Мы **выросли** и теперь **поддерживаем друг друга** и всегда готовы **прийти на помощь**.

This is my **younger** brother and his wife. During our childhood, my brother and I had a **complicated relationship**. We **quarrelled** a lot, didn't understand each other and sometimes even **had fights**. Now **everything is different**. We **grew up** and now **support each other** and are always ready **to lend a helping hand**.

Ну, а это я. Как думаете, почему у меня такое недовольное лицо? Родители в очередной раз спросили меня, почему я до сих пор не замужем и **когда у меня будут дети**. Что ж, я не знаю ответа на этот вопрос.

Well, this is me. Are you wondering why I have such an unamused face? Parents have asked me again why I'm still not married and **when I'm going to have kids**. Well, I don't know the answer to this question.

FAMILY MEMBERS AND FAMILY ROLES VOCABULARY LIST*

Diminutive names of family members	
мамочка/папочка	Mommy/Daddy
бабуля/дедуля	Grandma/Grandpa
братик/сестричка	brother/sister
Nouns for members of the extended family	
тётя	aunt
дядя	uncle
по маминой/папиной линии	on mother's/father's side
двоюродный/троюродный брат/сестра	cousin/second cousin
приёмный ребёнок	adopted child
сводный (ая) брат/сестра	stepbrother/sister
тёща	mother-in-law (wife's mother)
тесть	father-in-law (wife's father)
свекровь	mother-in-law (husband's mother)
свёкор	father-in-law (husband's father)
Family roles	
добытчик/добытчица	breadwinner
домохозяйка	homemaker
домработница	housekeeper
няня	babysitter
делить обязанности	to share chores/responsibility

*Note that since this is a B1-B2 level workbook, basic family member words are not included.

IN-LAWS

A woman and her husband's parents — Женщина и родители её мужа

A man and his wife's parents — Мужчина и родители его жены

FAMILY RELATIONSHIP VOCABULARY LIST

понимать друг друга	to understand each other
поддерживать рассчитывать на поддержку	to support count on for support
обожать	to love, adore
ненавидеть	to hate
делиться секретами	to share secrets
хранить секреты	to keep secrets
доверять	to trust
ссориться, ругаться	to quarrel
драться	to fight, have a battle
обижаться	to get offended, take offense
мириться	to make up

QUARREL-MAKE UP'

My friend and I quarrel a lot but we make up fast.

Мы с подругой часто ссоримся, но очень быстро миримся.

Russian Made Easy Level 2 | Unit 1

BUILDING AND DEVELOPING A RELATIONSHIP VOCABULARY LIST

парень / девушка	boyfriend / girlfriend
бывший / бывшая	ex (for spouses, partners, etc.)
друг / подруга	friend
познакомить познакомиться	to introduce to meet each other
подружиться	to become friends
влюбляться (в) с первого взгляда	to fall in love (with) at first sight
полюбить	to fall in love
пригласить на свидание	to ask out on a date
встречаться	to go out together
жениться	to get married
выходить замуж	to marry (used when we say that a female marries a male)
жениться	to marry (used when we say that a male marries a female)
создавать семью	to start a family
разводиться	to get divorced
расставаться	to break up
съезжаться / начинать жить вместе	to move in together
стесняться	to be shy
целоваться	to kiss each other
обниматься	to hug each other
зависать / тусоваться вместе	to hang out together
созваниваться	to call each other

GRAMMAR
REFLEXIVE VERBS

Have you noticed that many verbs from the lists above end in -ся? These are reflexive verbs. Reflexive verbs **correspond to the concept of '-self'** in English and **end in postfixes -ся or -сь** (the latter is for 'я' and 'вы').

Example: умываться – wash oneself

With reflexive verbs, the subject and the object of the sentence are the same. In 'Я одеваюсь – I dress myself' we see that 'я' performs the action and at the same time is the object to which the action is directed.

To conjugate reflexive verbs, just remove the postfixes, perform the conjugation, and put them back in place. This rule works for all cases except for the compound future form, where the verb 'быть' is conjugated according to the general rules and the infinitive is added.

Examples:

Present: просыпаться (wake up) – просыпать – просыпаю - просыпаюсь

Past: просыпаться – он просыпал – он просыпался

<u>Simple future form</u>: проснуться – просну – проснусь

<u>Compound future form</u>: просыпаться – буду просыпаться

 Note that some verbs don't have the concept of a directed action and are reflexive according to the tradition.

Example: обижаться – to get offended

Some reflexive verbs have a reciprocal meaning.

Example: ссориться – quarrel (implies quarreling with each other)

COMMON REFLEXIVE VERBS LIST

улыбаться	to smile
смеяться	to laugh
волноваться	to get worried
молиться	to pray
надеяться	to hope
удивляться	to get surprised
раздражаться	to get irritated

ASPECT OF VERBS

Aspect is an important component of Russian verbs that helps in the correct comprehension and creation of verb forms in all tenses.

Aspect indicates whether the action is completed, in progress, or frequent. There are two aspects in the Russian language:

1. imperfective – несовершенный
2. perfective – совершенный

Almost all Russian verbs have two aspects:

Example: жениться – to marry

пожениться – to get married

IMPERFECTIVE VERBS	PERFECTIVE VERBS
Indicate the following: • **repeated or habitual actions** В детстве мы часто **ссорились**. We **used to quarrel** a lot in our childhood. • **continuous actions or actions in progress** Они **ссорились** два часа и никак не могли остановиться. They **were quarreling** for two hours and could not stop.	**Indicate the following:** • **the action that was or will be completed** Мы точно **поссоримся**, если я приду. We **will quarrel** for sure if I come. • **one-time actions** Мы **поссорились** и больше никогда не виделись. We **quarreled** and never saw each other again. • **start of the action** Мама **заволновалась**, когда увидела, что меня нет дома так поздно. Mom **started to get worried** when she saw I was not home at such a late hour.
Can be used in all tenses. **Present:** Я **хожу** в бассейн каждый день. I **go** to the swimming pool every day.	Can be used **only in the past and the future** because perfective verbs emphasize the result and the result can't be achieved in the present. **No present form.**
Past: В прошлом году я **ходил** в бассейн каждый день. Last year, I **used to go to** the swimming pool every day.	**Past:** Вчера я наконец-то **сходил** в бассейн. Yesterday I finally **went** to the swimming pool.
Future: На следующей неделе я **буду ходить** в бассейн каждый день. Next week, I **will be going** to the swimming pool every day. 💡 **Note:** imperfective verbs are used in the compound future form: быть + infinitive.	**Future:** Думаю, на следующей неделе я **схожу** в бассейн три раза. I think next week I **will go** to the swimming pool three times.

So, **how to differentiate between imperfective and perfective verbs**? First of all, it depends on your situation:

1. **If you see or hear a verb, you can**:

- Check the dictionary. Most dictionaries have a corresponding indication.
- Guide yourself with perfective prefixes and suffixes
(see some of them in the Grammar Appendix — page 159).

2. **If you write or talk**, then you need to decide which form you need and know how to create it. This skill takes practice and you will have a chance to apply your knowledge in the exercises below.

SUBORDINATE CLAUSES OF REASON

Pay attention to conjunctions that help to explain why something happened.

Они развелись, **потому что** не понимали друг друга. – They got divorced **because** they didn't understand each other.

Они подружились, **так как** у них были общие интересы. – They became friends **since** they had common interests.

Она никому не доверяет, **поэтому** не делится секретами даже с семьёй. – She doesn't trust anyone, **which is why** she doesn't share secrets even with her family.

EXERCISES

1. Identify who these people are and write down the words that describe them. Use diminutives where possible.

1. Эта женщина – мама моей жены. Она моя _____.	6. Эта женщина – мама моего мужа. Она моя _____.
2. Моя тётя не работает. Она _____.	7. Этот мужчина – папа моей жены. Он мой _____.
3. Этот мужчина – брат моей мамы. Он мой _____.	8. Этот парень – сын моего дяди. Он мой _____.
4. Эта девочка – дочь моих родителей. Она моя _____.	9. Эта женщина – мама моей мамы. Она моя _____.
5. У моей мамы новый муж. У него есть сын. Этот сын – мой _____.	10. Эта девушка сидит с ребёнком, когда я на работе. Она _____.

2. Match the reflexive verbs with the corresponding images and write them down in the lines below, along with their translations.

[____] 1. смеяться

[____] 2. молиться

[____] 3. раздражаться

[____] 4. надеяться

[____] 5. волноваться

[____] 6. удивляться

A.

B.

C.

D.

E.

F.

3. Choose the correct form of the reflexive verb.

1. **Родители моего друга часто над ним_____. Это ужасно.**
   My friend's parents often laugh at him. That's terrible.

   A. смеётся B. смеются C. смеюсь

2. **Я_____, что она сохранит твой секрет, но ей нельзя доверять!**
   I hoped that she'd keep your secret, but she can't be trusted.

   A. надеялись B. надеялся C. надеюсь

3. **Доченька, почему ты так_____, когда я прошу тебя о помощи? В семье нужно делить обязанности.**
   Daughter, why do you get so irritated when I ask you for help? A family should share duties.

   A. раздражаетесь B. раздражаюсь C. раздражаешься

4. **Эй, ребята, почему вы_____? Расскажите мне тоже!**
   Hey guys, why are you laughing? Tell me too!

   A. смеёшься B. смеётесь C. смеётся

5. **Представляю, как они_____, когда узнают, что мы женимся!**
   I imagine how surprised they will be when they find out that we're getting married!

   A. удивятся B. удивишься C. удивимся

6. **Дорогая, ты всё ещё_____, что он позвонит? Бедняжка!**
   Dear, do you still hope that he'll call? Poor thing!

   A. надеетесь B. надеемся C. надеешься

7. **Я должна быть дома к семи, иначе моя бабушка_____.**
   I must be home by seven, otherwise my grandma will be worried.

   A. будут волноваться B. будет волноваться C. будете волноваться

8. **Она_____каждый день, чтобы её отношения с сыном наладились.**
   She prayed every day that her relationship with her son would get better.

   A. молились B. молился C. молилась

9. Ой, да ладно! Всё будет как всегда: он_____улыбаться, и ты его простишь!

Oh, come on! It's going to be as usual – he'll be smiling and you'll forgive him.

    A. будет   **B.** буду   **C.** будешь

10. Аня, зря ты так_____. У тебя отличные отношения с детьми.

Ann, you shouldn't have been so worried. You've got a great relationship with your children.

    A. волновалась   **B.** волновался   **C.** волновались

4. Match the verbs with their English translations and match the pairs with the images below.

[E - b] 1. мириться	A. to hug each other
[_____] 2. встречаться	B. to call each other
[_____] 3. знакомиться	C. to go out together, date
[_____] 4. целоваться	D. to fall in love
[_____] 5. ссориться	E. to make up
[_____] 6. обниматься	F. to kiss each other
[_____] 7. созваниваться	G. to take offense
[_____] 8. стесняться	H. to get to know each other
[_____] 9. обижаться	I. to be shy
[_____] 10. влюбляться	J. to argue with each other

5. Use the reflexive verbs from Exercise 4 to fill in the gaps in the sentences below. Remember to change the grammatical forms.

   1. Он так просто_____! Вчера он был влюблён в Свету, а сегодня говорит, что уже любит Аню!

   2. Они_____уже пять лет. Мне кажется, им пора или пожениться, или расстаться.

   3. Андрей так_____на вечеринке, когда разговаривал с девушками! Он такой нерешительный!

   4. Мне кажется, что ваши отношения идеальные. Вы вообще когда-нибудь _____?

   5. О нет, я не перезвонил своей девушке! Теперь она на меня снова_____.

   6. Мои друзья стали встречаться. Теперь они вечно будут_____ на публике. Это отвратительно!

   7. Вы быстро_____после ссоры?

   8. На свидании мы весь вечер_____и смотрим на звёзды.

   9. Девушка, можно с вами_____?

   10. Настя и Костя_____по пять раз в день. Интересно, у них телефоны не горячие?

6. Choose the word that best fits the sentence meaning.

   1. Ты знала, что Маша **женится / выходит замуж** в этом году?

   2. Вы должны **развестить / помириться**! Это просто сложный период, но потом всё будет хорошо.

   3. Мы с лучшим другом **подружились / поссорились** в детском саду, и теперь мы всё время вместе.

4. Ты не должен рассказывать Насте свои секреты. Она не умеет **понимать / хранить секреты.**

5. Витя опять **женится / выходит замуж.** Это уже третий раз!

6. Представляешь, Аня и Вадим **разводятся / съезжаются.** Мне кажется, им слишком рано жить вместе.

7. Мне кажется, Ковалёвы должны **развестись / помириться.** Они ужасная пара.

8. Мы с Колей каждый день **тусуемся вместе / ссоримся.** У нас общие интересы и друзья.

7. Fill in the words from the box and complete the text. Compare with the English version only after checking the answer key. Pay attention to the highlighted words.

Text 1
Ангел или демон?

| зависаю братик обожают младший дерётся |

Мой маленький 1)_____ — ангел. Так говорят мои родители. Но это не так!

Он 2)_____ ребёнок в семье, и **ему всё сходит с рук**! Он постоянно

3)_____ со мной, а мне **нельзя давать сдачи**, потому что он слабее меня.

А ещё он хочет быть в моей комнате, когда я 4)_____ там с подругами.

И мама разрешает ему! Конечно, все 5)_____ его **розовые щёчки** и маленький носик, но это **не даёт ему права так себя вести**. У меня тоже должно быть **личное пространство!**

Angel or demon?

My little brother is an angel. This is what my parents say. But it's not so! He's the youngest child in the family and **he gets away with anything**! He constantly fights with me but I'm **not allowed to fight back** because he's weaker than me. Also, he wants to be in my room when I hang out there with my friends. Mom allows him! Of course, everyone adores his **pink cheeks** and the little nose but that **doesn't give him the right to behave like this**. I must have my **private space** too!

Text 2
Любовь, как в сериале?

> встречаться женится ссорились познакомились создать
> свидание съехались первого взгляда

У меня есть друг Артём, и скоро он 1)_____ на своей девушке Ире. Я **не в восторге от этого**, потому что их отношения **развиваются слишком быстро**.

Два месяца назад они 2)_____ на вечеринке. Артём говорит, что влюбился в неё с 3)_____. **В тот же вечер** он пригласил её на 4)_____, и они начали 5)_____, а через неделю они уже 6)_____. И вот теперь они собираются 7)_____ семью. Нет, я **не завидую**, но это **как-то подозрительно**!

Конфликты **неизбежны**, а они ещё ни разу не 8)_____. **Короче**, мне кажется, что они спешат.

Love like in a soap opera?

I have a friend, Artyom, who is about to marry his girlfriend Ira. I'm **not a fan** of this because their relationship **is developing too fast**. Two months ago, they met each other at a party. Artyom says he fell in love with her at first sight. He asked her out on a date **that very night**, they started dating, and within a week they moved in together. And now they are going to start a family. No, I'm **not envious**, but it's **kind of suspicious**! Conflicts are **inevitable** and they haven't had a single quarrel yet. **Long story short**, it seems to me that they are rushing things.

8. Match imperfective and perfective verbs.

	Imperfective		Perfective
[___]	1. влюбляться	A.	понять
[___]	2. рисовать	B.	обнять
[___]	3. показывать	C.	нарисовать
[___]	4. понимать	D.	обидеться
[___]	5. обнимать	E.	влюбиться
[___]	6. класть	F.	улыбнуться
[___]	7. обижаться	G.	положить
[___]	8. улыбаться	H.	показать

9. Choose the correct aspect form of the verb and the point (letter) with the rule that explains the choice. The tense forms are already created for you, because for now, your goal is to learn how to distinguish between imperfective and perfective verbs.

   Rules to explain the choice:

   A. Repeated or habitual actions
   B. Action that was or will be completed
   C. Continuous action or action in progress
   D. One-time action
   E. Start of the action

   Example:

   [**B**] Он писал / **написал** письмо и отправил его.
   He wrote a letter and sent it.

   [____] 1. Алла **рисовала** / **нарисовала** картину и вспоминала вчерашний вечер.

   Alla was painting a picture and remembering last night.

   [____] 2. У неё очень капризный характер. Однажды она **обижалась** / **обиделась**, потому что ей купили розовое мороженое, а не белое.

   She has a troublesome character. One day she took offense because she was bought a pink ice cream and not a white one.

   [____] 3. Когда я **увидела** / **видела** твои грустные глаза, я сразу поняла, что что-то не так.

   When I saw your sad eyes, I immediately realized that something was wrong.

   [____] 4. Мой друг думает, что **нарисует** / **будет рисовать** одну картину и станет знаменитым.

   My friend thinks that he will paint one picture and become famous.

   [____] 5. Мой дедуля дочитал книгу, **клал** / **положил** её на стол, и уснул.

   Grandpa finished reading the book, laid it down on the table, and fell asleep.

[____] 6. Мы продаём свой дом. Завтра в это время я **покажу / буду показывать** его одной милой семейной паре.

We're selling our house. By this time tomorrow, I will be showing it to a nice couple.

[____] 7. Настя **улыбалась / улыбнулась**, когда увидела, что Саша пришёл с букетом.

Nastya smiled when she saw that Sasha came with a bouquet of flowers.

[____] 8. В детстве бабуля была единственным человеком, кто **понимал / понял** меня.

In my childhood, my grandma was the only person who understood me.

10. Choose between the imperfective and perfective forms of one verb.

    1. Таня, нельзя вот так **верить / поверить** всем. Неужели ты думала, что он говорит правду?

    Tanya, you can't just believe everyone. Did you really think he was telling the truth?

    2. Я не могу **верить / поверить**, что вы разводитесь! Я всегда мечтала о таких отношениях, как у вас!

    I can't believe you're getting divorced! I've always dreamed of a relationship like yours!

    3. Она не будет **ждать / подождать**, пока он вернётся из армии. Она не любит его и никогда не любила.

    She won't be waiting for him to return from the army. She doesn't love him and never has.

    4. Степан делает всё для своей жены. Вчера она **захотела / хотела** новую машину, и он сразу же купил её!

    Stepan does everything for his wife. Yesterday she wanted a new car and he bought it for her right away!

    5. Моя девушка совсем не умеет **приготовить / готовить**. Но это не важно!

    My girlfriend can't cook at all. But it doesn't matter!

    6. Дорогая, нам придётся **ждать / подождать** с переездом, потому что я очень занят на работе на этой неделе.

    Honey, moving will have to wait because I'm very busy at work this week.

7. Моя сестра никогда не **захотела** / **хотела** иметь детей, и мы все удивились, когда узнали, что она беременна!

   My sister never wanted kids, and we all were surprised when we found out she was pregnant.

8. Доставка не работает? Ничего страшного, я могу **приготовить** / **готовить** ужин сам!

   The delivery doesn't work? It's okay, I can cook dinner myself!

11. Match parts of complex sentences of reason.

[___] 1. Егор и Ира слишком много работают,	A. потому что в своей семье она и няня, и домработница, и добытчица.
[___] 2. Аня очень устаёт,	B. так как нашла новую работу.
[___] 3. Мне кажется, она похожа на его бывшую девушку,	C. потому что он приёмный ребёнок.
[___] 4. Наши дети часто ссорятся,	D. поэтому я всегда убираю дома перед её приездом.
[___] 5. Моя тётя по отцовской линии переезжает в другой город,	E. поэтому они решили нанять домработницу.
[___] 6. Мальчик не похож на родителей,	F. так как не могут делить домашние обязанности.
[___] 7. Моя свекровь обожает порядок,	G. потому что сам был в похожей ситуации.
[___] 8. Мой троюродный брат поддерживает меня,	H. поэтому он и полюбил её.

12. Listen to a series of short, connected conversations. Fill in the missing words, check your work with the answer key and role-play the conversations.   (Find audio on page 3.)

Conversation I

Саша: Здравствуйте! А можно Аню к **1)**_____?

Папа Ани: Здравствуйте! А кто ей звонит?

Саша: Это Саша, её **2)**_____.

Папа Ани: Не может быть! Моя дочь ни с кем не **3)**_____!

Саша: Может быть, она просто не говорила вам. У нас было уже два **4)**_____.

Папа Ани: О, как много!

Саша: Так я могу **5)**_____ с Аней?

Папа Ани: Ане нужно учиться, а не **6)**_____ на свидания! Не звони больше!

Sasha: Hello! Can you get Anya on the phone?

Anya's Dad: Hello! Who's calling her?

Sasha: It's Sasha, her boyfriend.

Anya's Dad: This can't be! My daughter doesn't date anyone!

Sasha: Maybe she just didn't tell you. We've been on two dates already.

Anya's Dad: Oh, so many!

Sasha: So, can I talk to Anya?

Anya's Dad: Anya has to study, not go on dates! Don't call her anymore!

Conversation II
(через два дня за ужином)

Мама Ани: Доченька, что с тобой такое? В последнее время ты 1)_____ грустной.

Аня: Ничего такого, мам.

Мама Ани: Не пытайся меня 2)_____, Аня. Что случилось?

Аня: Ладно. Мы не 3)_____ с Сашей уже два дня. Точнее, он мне не звонит.

Мама Ани: Ах, вот в чём дело! А почему ты не звонишь ему? 4)_____?

Аня: Я не знаю. Я никогда не звоню ему первая. Может, он 5)_____ или 6)_____?

Папа Ани: Или он 7)_____ тебя.

Аня: Нет, папа! Это невозможно! Мы любим друг друга и поженимся!

Мама Ани: Дорогой, ты слишком 8)_____. Аня, почему бы тебе не спросить его, когда вы увидитесь в школе?

(two days later at dinner)

Anya's mom: Daughter, what's wrong with you? You look sad these days.

Anya: Nothing special, Mom.

Anya's mom: Don't try to fool me, Anya. What's up?

Anya: Okay. Sasha and I haven't called each other in two days. Actually, he's the one who hasn't called.

Anya's mom: Oh, that is what it's about! And why don't you call him? Did you take offense?

Anya: I don't know. I'm never the one who calls first. Maybe he's shy or afraid?

Anya's dad: Or he has fallen out of love with you.

Anya: No, Dad! It's impossible! We love each other and we're going to get married!

Anya's mom: You're being too rude, honey. Anya, why don't you ask him when you see each other at school?

Conversation III
(на следующий день в школе)

Аня: Саша, мы всё ещё 1)_____?

Саша: Да, конечно! А ты, что 2)_____?

Аня: Да нет, просто... Хотя, стой! Да, я сомневаюсь!

Саша: Почему?

Аня: Не 3)_____! Ты прекрасно знаешь почему!

Саша: Почему ты 4)_____, Аня?

Аня: Ты не звонил мне целых два дня, Саша! Вот почему!

Саша: Ну, понимаешь, я был очень 5)_____.

Аня: Так занят, что не нашёл минутки спросить, как у меня дела?

Саша: Ладно, дело не в этом. Просто твой папа сказал мне больше не звонить.

Аня: Так ты 6)_____?

Саша: Конечно! Мы можем 7)_____ и дальше. Только давай ты всегда будешь поднимать трубку?

Аня: Нет, Саша. Не звони мне больше. Мне не нужен парень, который боится моего папу!

Аня (думает): Что ж, значит, нам с Сашей нужно было 8)_____. Но у меня есть серьёзный разговор к папе!

(next day at school)

Anya: Sasha, are we still going out?

Sasha: Yes, of course! Why? Are you having doubts?

Anya: No, just... Although, wait! Yes, I doubt it!

Sasha: Why?

Anya: Don't pretend! You know exactly why!

Sasha: Why are you angry, Anya?

Anya: You haven't called for two days! That is why!

Sasha: Well, you see I've been very busy.

Anya: So busy that you couldn't even find a minute to ask me how I'm doing?

Sasha: Okay, it's not that. It's just that your dad told me not to call.

Anya: So, you got scared?

Sasha: Of course! We can still go out together. Let's just make it so that it's always you who picks up the phone.

Anya: No, Sasha. Don't call me anymore. I don't need a boyfriend who's afraid of my dad.

Anya (thinking): Well, that means Sasha and I had to break up. But I'm going to have a serious talk with my dad!

2
AT THE DOCTOR'S

НЕУДАЧНЫЙ ГОД
THE YEAR OF BAD LUCK

В этом году **мне не везёт** со здоровьем. Утром первого января я проснулся **с головной болью** и **насморком**. Я решил, что это просто **простуда**, но к вечеру у меня **поднялась температура**. Жена дала мне аспирин, и весь день я **пил тёплые напитки**. На следующее утро я **чувствовал себя** ещё хуже. Оказалось, что это **грипп**.

This year **I've been unlucky** with my health. On the morning of January 1, I woke up with a **headache** and a **runny nose**. I decided that was just a **cold**, but in the evening my **temperature rose**. My wife gave me an aspirin, and I was **drinking warm drinks** all day. The next morning, I **felt** even worse. It turned out to be the **flu**.

Однако я быстро **выздоровел**, и мы начали планировать отпуск в какой-нибудь жаркой стране. И тут меня снова постигла неудача. Когда я шёл за билетами на самолёт, я **поскользнулся и упал**. У меня ужасно болела нога, я даже не мог на неё **наступить**. В больнице врач **направил меня на рентген**. И что бы вы думали? Я **сломал ногу**!

However, I **recovered** quickly and we started planning a vacation in a country with a warm climate. And here my bad luck continued. When I went to buy the plane tickets, I **slipped and fell**. My leg hurt terribly and I could not even **stand on it**. At the hospital, the doctor **ordered an X-ray for me**. And guess what? I **broke my leg**!

Вместо отпуска на пляже я **лежал в больнице** целый месяц, а потом **был на больничном** ещё две недели. Но на этом мои приключения не закончились. Через месяц я **заболел ангиной**, а ещё через два – **пневмонией**. Завтра снова первое января. Интересно, моё невезение закончится?

Instead of a vacation on the beach I **stayed in hospital** for a month and then spent two weeks **on sick leave**. But my adventures didn't stop there. One month later, I **got angina** and two months later I got **pneumonia**. Tomorrow is January 1 again. I wonder if my bad luck is over.

HEALTH CONDITIONS AND ILLNESSES VOCABULARY LIST

чувствовать себя хорошо / не хорошо / не очень / плохо	to feel well / unwell / not so well / bad
быть в плохом / хорошем самочувствии	to feel unwell / well
болезнь	illness / disease
нормальная / высокая температура	normal / high temperature
кашель	cough
насморк	runny nose
чихать	to sneeze
головная / зубная боль	headache / toothache
боль в животе / сердце / спине	stomachache / heartache / backache
простуда подхватить простуду	cold to catch a cold
грипп	flu
головокружение	dizziness
слабость	weakness
тошнота	nausea, sickness
рвота	vomiting
высокое / низкое давление	high / low blood pressure
жар	fever
рак	cancer
воспаление лёгких (пневмония)	pneumonia
перелом	fracture

- Мам, у меня болит голова и высокая температура.

- Mom, I have a headache and a high temperature.

- О, правда? Мне кажется, я знаю, что у тебя.

- Oh, really? I think I know what's wrong with you.

- Ты думаешь, у меня грипп?

- Do you think I have the flu?

- Нет, милый, у тебя контрольная по математике!

- No, dear, you have a math test.

MEDICINE AND TREATMENT VOCABULARY LIST

лекарство / препарат / средство	medicine
(шипучая) таблетка	(effervescent) tablet
капсула	capsule
ушные / глазные капли	ear / eye drops
средство от кашля	cough remedy
сироп	syrup
(наносить) мазь	(to apply) ointment
(делать) уколы	(to give) injections
ставить диагноз	to make a diagnosis
выписывать лекарство	to prescribe a medicine
лекарство по рецепту	prescription medicine
(полное) обследование	(full) examination
пить много жидкости	to drink lots of fluids
принимать лекарства	to take medicines
сдавать анализ крови / мочи	to take blood / urine tests
натощак	on an empty stomach
делать рентген / снимок	to have an X-ray
ходить к врачу	to visit the doctor
оставаться в постели	to stay in bed
быть на больничном	to be on a sick leave
измерять температуру	to take / measure temperature
делать прививку	to get vaccinated
вызывать скорую (помощь)	to call the ambulance
делать / переносить операцию	to do surgery / have surgery
класть в больницу / лежать в больнице	to hospitalize / stay in hospital
палата	ward
отделение	department
выздороветь	to recover

СДАТЬ VS СДАВАТЬ

Monday Calendar

MON	TUE	WED	THU	FRI	SAT	SUN
✓						

В понедельник мне нужно **сдать** анализ крови.

I need **to have** a blood test on Monday.
One-time action, perfective verb

7 Day Calendar

MON	TUE	WED	THU	FRI	SAT	SUN
✓	✓	✓	✓	✓	✓	✓

Мне нужно **сдавать** анализы крови каждый день на этой неделе.

I need **to have** blood tests every day this week.
Repeated action, imperfective verb

DOCTOR AND APPOINTMENT VOCABULARY LIST

приём у врача	appointment with a doctor
записываться на приём	to make an appointment
переносить приём	to reschedule the appointment
регистратура	registration desk
врач / доктор	doctor
медсестра / медбрат	nurse / male nurse
терапевт	physician
стоматолог	dentist
хирург	surgeon

 Note: here are some of the most common constructions for talking about a person's health condition:

1. **У + pronouns in genitive case + болит + the part of the body that hurts.**

У меня болит нога. – My leg hurts.
У неё болит голова. – She has a headache.

2. **Заболеть + disease name in the instrumental case.**

Она заболела гриппом. – She got the flu.

COMMON CONVERSATION FORMULAS

Как вы себя чувствуете?	How do you feel?
На что вы жалуетесь?	What seems to be the problem?
На какое время можно записаться к врачу?	At what time can I arrange an appointment with the doctor?
Могу я перенести запись?	Can I reschedule the appointment?
Что вы посоветуете при головной боли?	What do you recommend if I have a headache?
Это лекарство продаётся по рецепту?	Is this medicine sold by prescription?
У вас есть аллергия на какие-нибудь лекарства?	Are you allergic to any medicines?
Какие прививки вы делали?	What vaccinations have you had?

FORMATION AND USAGE OF SHORT ADJECTIVES

Most Russian adjectives have short forms.

Example:

молодой – молод
Он ещё так молод! – He is still so young!

The high-level difference between long and short adjectives is that long adjectives are for everyday speech and short adjectives are for formal speech, but these forms are not completely interchangeable.

Compare:

Она такая красивая! vs. Она так красива!

 Note: only qualitative adjectives have short forms; usually these are words that can have a comparative form. For example, the adjective "деревянный — wooden" can't have a short form because we can't say "более деревянный – more wooden."

WHAT IS THE DIFFERENCE BETWEEN LONG AND SHORT FORMS?

1. Usually, long forms are used to describe permanent states or characteristics, while short forms are used for present, temporary conditions or states.

   Маша – **счастливая** девушка. – Masha is a **happy** girl.
   Сегодня Маша **счастлива**. – Masha is **happy** today.

   However, this differentiation is not so strict. You can safely use long forms even for permanent states.

2. Before a noun in a predicate construction in informal, everyday speech. A predicate construction describes what a thing is or who a person is. In the example below, "студентка" is a predicate. It actually answers the question of who the daughter is, and the adjective is part of this predicate.

   Наша дочь очень **активная студентка**. – Our girl is a very **active student**.

   However, if there is no noun after the adjective, you can use the short form, which conveys a more formal connotation.

   Наша дочь очень **активна**. – Our daughter is very **active**.

3. In the predicative constructions with the verb "быть" you can use both forms only with the difference in style.

   На встрече Миша был очень **серьёзным**. – Misha was very **serious** at the meeting.
   На встрече Миша был очень **серьёзен**.

4. **Only long forms** can be used as descriptive adjectives. A descriptive adjective is different from a predicative adjective because it only describes the subject, but in no way says who or what the subject is.

   Я купила **красивые** цветы. – I bought **beautiful** flowers.

Again, pay attention, because this is the case where the short form is impossible.

5. There are cases where short forms are common (even in everyday speech) and long forms would sound strange. What all these expressions have in common is that the adjective is the predicate.

Я согласен / согласна – I agree

Я прав / права – I'm right

Я занят / занята – I'm busy

Я свободен / свободна – I'm free

Я готов / готова – I'm ready

Я благодарен / благодарна – I'm grateful

Я доволен / довольна – I'm happy/pleased

Я счастлив / счастлива – I'm happy

6. In some cases, the form of the adjective can affect the meaning or create shades of meaning.

Она холодная vs. Она холодна. – She's cold.

The long form can express either the fact that the person is cold to the touch or that her attitude is cold. However, if you use the short form, there's no doubt that you're talking about the attitude.

Он больной. vs. Он болен.

The long form is more likely to express the fact that the person is mentally ill, while the short form is more about the physical condition.
Note also a common expression:
Ты что, **больной**? – Are you **crazy**?

 Note: for long adjectives, the meaning can be enhanced with the word "такой — so" in the proper gender. For short adjectives, the form is the same for all genders – "так".

Он **такой** грубый! – Он **так** груб! – He's **so** rude!

See the Grammar Appendix (page 159) to see how to form short adjectives.

IMPERATIVE MOOD

The imperative mood of the verb is used to express a command, request, or wish.

Не принимай эту таблетку после еды. – **Don't take** this pill after eating.

In the imperative mood we have only two forms: Second person singular (ты) and second person plural (вы).

Маша, у тебя жар. **Оставайся** в постели! – Masha, you've got a fever. **Stay** in bed!

Дети, у вас температура. **Оставайтесь** в постели! – Kids, you've got a high temperature. **Stay** in bed!

HOW TO FORM THE IMPERATIVE MOOD?

1. **Determine the aspect of the verb:**

   a. If it's an imperfective verb, you should start by forming its third person plural form in the present tense.
   делать – делают – do

   b. If it's a perfective verb, you should start by creating third person plural form in the future tense (simple form).
   сделать – сделают – do

Note: when deciding which aspect you need, remember the semantic differences between imperfective and perfective verbs. The imperative mood of imperfective verbs is used to ask/command someone to do something on a regular or repeated basis, while with perfective verbs we ask for a one-time action.

Сдавайте анализ крови два раза в неделю, чтобы контролировать ситуацию. (From the imperfective verb "сдавать".)

Have your blood tested twice a week to control the situation.

Сдайте анализ крови, чтобы понять, что не так. (From the perfective verb "сдать".)

Have your blood tested to understand what is wrong.

2. Take the required form of the verb and remove the ending.

3. See what sound the stem ends in (the sound right before the ending).

4. **Does the stem end with a vowel? Add "й" for ты and "йте" for вы.**

   (imperfective, think) думать – думают – дума – думай (ты) – думайте (вы)

   (perfective, think) подумать – подумает – подума – подумай – подумайте.

   If the verb is reflexive, the endings will be "йся" for ты and "йтесь" for вы.

   (imperfective, to not doubt) не сомневаться – не сомневаются – не сомнева – не сомневайся – не сомневайтесь

5. **Does the stem end with a consonant? Add "и" for ты and "ите" for вы.**

   (imperfective, ask for) просить – просят – прос – проси – просите

   (perfective, ask for) попросить – попросим – попрос – попроси – попросите

   If the verb is reflexive, the endings will be "ись" for ты and "итесь" for вы.

   (perfective, smile) – улыбнуться – улыбн – улыбнись – улыбнитесь

   Exception: if in the infinitive, the stress is on the stem and not on the ending; you should add **"ь"** for ты and **"ьте"** for вы.

   (perfective, introduce) познакомить – познакомим – познаком – познакомь – познакомьте

   Irregular forms:

   быть – будь/будьте

   есть – ешь/ешьте

   ждать – жди/ждите

   идти – иди/идите

Ways to express imperative meaning for the third person:

1. **Пусть/пускай** + subject + the verbs in the third person in the present or the future.

Пусть он **сходит** к врачу! – **Let him go** to the doctor!

Пускай она **остаётся** дома. – **Let her stay** at home.

2. **Давай/давайте** + subject + the verb in the future.

Ребята, **давайте сходим** в кино! – **Let's go** to the movies, guys!

Света, **давай купим** новые шторы. – **Let's buy** new curtains, Sveta.

3. First person plural in the future (to express a suggestion).

Сходим погулять после обеда? – **Shall we go for a walk** after lunch?

EXERCISES

1. Match the words with their English equivalents, then match the pairs with the images below.

[_____] 1. головокружение	**A.** get vaccinated
[_____] 2. вызывать скорую	**B.** dentist
[_____] 3. выздороветь	**D.** have an X-ray
[_____] 4. делать прививку	**E.** dizziness
[_____] 5. стоматолог	**F.** eye drops
[_____] 6. пить много жидкости	**G.** recover
[_____] 7. глазные капли	**H.** call an ambulance
[_____] 8. делать снимок	**I.** drink lots of fluids

a.

d.

g.

b.

e.

h.

c.

f.

2. Choose the right word.

    1. Здравствуйте, можно **записаться на / перенести приём**? Мои планы изменились.

    2. У меня насморк и болит голова. Наверное, у меня **простуда / кашель**.

    3. К сожалению, всё серьёзно. Вам нужно **пить много жидкости / сделать операцию**.

    4. Моя троюродная сестра помогает врачу. Она – **медсестра / терапевт**.

    5. Чтобы поставить диагноз, вам нужно **выписать лекарство / пройти полное обследование**.

    6. У детей слабость и **тошнота / грипп**. Наверное, они провели слишком много времени на солнце.

    7. О нет, только не **таблетки / уколы**! Это же больно!

    8. Наносите эту **капсулу / мазь** три раза в день.

    9. Я волнуюсь за бабушку: она часто забывает **принимать лекарства / чувствовать себя хорошо**.

    10. Я не хожу сейчас на работу: я **измеряю температуру / на больничном**.

3. Where possible, change the long form of the adjective to the short form, or vice versa. If the change isn't possible, mark the sentence with an "x".

    1. **Почему Андрей такой грустный? Он заболел?**
       Why is Andrew so sad? Did he get sick?

       _____

    2. **Медсестра давала мне ужасно горькие таблетки.**
       The nurse gave terribly bitter pills.

       _____

3. Как мы рады, что ты выздоровела, Алина!
   We're so glad that you've recovered, Alina!

4. Ваша племянница ещё слишком молодая для такой сложной операции.
   Your niece is too young for such a complex surgery.

5. Приём у врача прошёл плохо, и пациент был зол.
   The appointment with the doctor went badly and the patient was angry.

6. О, Боже! У тебя высокое давление! Я вызываю скорую!
   Oh my! You have high blood pressure! I'll call the ambulance!

7. Подождите, пожалуйста. Ваше лекарство ещё не готово.
   Please wait. Your medicine is not ready yet.

8. Сегодня мне лучше, и я, наконец, бодрый!
   I'm feeling better today and I finally feel vigorous!

9. Мои студенты – очень любознательные. Из них выйдут отличные врачи!
   My students are very curious. They'll be great doctors!

10. Доктор, мы благодарны вам за спасение нашего ребёнка!
    Doctor, we're grateful to you for saving our child!

4. Choose the correct form of the short adjective.

1. Шансы, что он поправится после операции,_____.
   The chances that he will recover after the surgery are high.

   A. высоко   B. высоки   C. высока   D. высок

2. К сожалению, ваш анализ крови_____.
   Unfortunately, your blood test is bad.

   A. плох   B. плоха   C. плохо   D. плохи

3. Этот терапевт всегда был так_____ко мне.
   This physician has always been so kind to me.

   A. добр   B. добра   C. добры   D. добро

4. Эта палата мне_____. У вас есть другая?
   This ward is off-putting to me. Do you have another one?

   A. неприятен   B. неприятна   C. неприятно   D. неприятны

5. Он_____выбрать то лечение, которое считает лучшим.
   He's free to choose the treatment he thinks is best.

   A. свободна   B. свободны   C. свободен   D. свободно

6. Твоё головокружение слишком_____для простой усталости. Тебе нужно обследование.
   Your dizziness is too severe for common tiredness. You need an examination.

   A. сильно   B. сильны   C. сильна   D. силён

7. Шансы, что это грипп, не_____. Я прививался.
   The chances of it being the flu are not high. I've been vaccinated.

   A. велики   B. велико   C. велик   D. велика

8. Мы не знали, что все эти годы наш сосед был серьёзно_____.
   We didn't know that our neighbor had been seriously ill all these years.

   A. больн   B. больны   C. болен   D. больна

5. Change the sentences: transform long adjectives into short ones and remember about changes in the word "такой".

   Example: Ваша внучка такая умная девочка! – Your granddaughter is such a smart girl!

   Ваша внучка так умна! – Your granddaughter is so smart!

   1. **На этой фотографии мы все такие счастливые люди!**
      In this photo, we are all such happy people!

      На этой фотографии мы все_____!

   2. **У него большие шансы выздороветь.**
      He has great chances of recovery.

      Его шансы выздороветь_____.

   3. **Мы все свободные личности!**
      We are all free spirits.

      Мы все_____.

   4. **Доктор Савин сегодня такой злой. Что не так?**
      Doctor Savin is so angry today. What's wrong?

      Доктор Савин сегодня_____.

   5. **Я не могу учить этих детей. Они такие ленивые!**
      I can't teach these kids. They are so lazy!

      Я не могу учить этих детей. Они_____.

   6. **Этот камень редкий. Наверное, он стоит целое состояние!**
      This stone is rare. It must cost a fortune!

      Этот камень_____. Наверное, он стоит целое состояние.

   7. **Ты ещё слишком маленькая, чтобы покупать лекарства самой.**
      You're too young to buy medicines on your own.

      Ты ещё слишком_____, чтобы покупать лекарства самой.

8. **Запретить ему смотреть телевизор – справедливое решение.**
   Forbidding him to watch TV is a fair decision.
   Решение запретить ему смотреть телевизор_____.

6. Choose between the imperfective and perfective forms of imperative verbs.

   1. Я приготовила тебе травяной чай. **Выпей / пей** его три раза в день.

      I've made you some herbal tea. Drink it three times a day.

   2. Похоже, ты плохо себя чувствуешь. Возьми выходной и **останься / оставайся** в постели.

      Looks like you feel unwell. Take a day off and stay in bed.

   3. **Делайте / сделайте** собаке эту прививку каждое лето.

      Have your dog vaccinated with it every summer.

   4. **Положите / кладите** меня в больницу, пожалуйста. У меня очень болит сердце и мне трудно дышать.

      Hospitalize me please. I have a severe heartache and it's hard for me to breathe.

   5. **Выпей / пей** этот чай сегодня перед сном. Он горький, но хорошо помогает при головной боли.

      Drink this tea before going to bed tonight. It's bitter, but it really helps with headaches.

   6. **Не положи / клади** его в больницу. Зубная боль – это не повод.

      Don't hospitalize him. A toothache is not a valid reason.

   7. **Останьтесь / оставайтесь** в постели как минимум два дня. Я дам вам больничный.

      Stay in bed for at least two days. I'll put you on sick leave.

   8. **Делайте / сделайте** эту прививку один раз, и эта болезнь станет для вас не опасна.

      Get vaccinated with it once, and this disease will not be a threat to you.

7. Choose the correct form of the verb. All verbs have an imperative form.

1. _____ завтра на прогулку? Тебе нужен свежий воздух, чтобы скорее выздороветь.

   Shall we go for a walk tomorrow? You need fresh air to recover soon.

   A. пойдут   B. пойдём   C. пойдёте

2. Пожалуйста, _____ мой приём на завтра, если можно.

   Please, reschedule my appointment for tomorrow, if possible.

   A. перенесите   B. перенеси   C. переноси

3. Дорогой, _____ шипучую таблетку в стакан, и пусть ребёнок смотрит, как она растворяется. Так лечение будет хоть немного веселее.

   Honey, drop the effervescent tablet into the glass and let the child watch it dissolve. This will make the treatment at least a little more fun.

   A. бросьте   B. бросай   C. брось

4. Дедуля, _____ скорее!

   Grandpa, get well soon!

   A. выздоравливайте   B. выздоравливай   C. выздоравливаете

5. _____ лимонов? Мне кажется, они помогают в сезон простуд.

   Shall we buy some lemons? It seems to me that they help during the cold season.

   A. купим   B. купите   C. купи

6. Кто-нибудь, _____ скорую помощь! Человеку плохо!

   Somebody call the ambulance! Person down!

   A. вызовите   B. вызови   C. вызовем

7. Саша, _____ в постели! У тебя жар.

   Sasha, stay in bed! You have a fever.

   A. оставайтесь   B. останемся   C. оставайся

8. _____ Марину после работы. Она уже неделю лежит в больнице.

   Shall we visit Marina after work? She's been in the hospital for a week.

   A. навестите   B. навестим   C. навести

8. Practice the imperative mood formation rule. Complete the chains.

   1. выздоравливать – _____ – выздоравлива – выздоравливай – выздоравливайте (get well!)

   2. сходить – сходим – сход – сходи – _____ (go one time)

   3. принимать – принимаем – _____ – принимай – принимайте (take about a medicine)

   4. записаться – запишемся – запиш – _____ – запишитесь (make an appointment)

   5. посещать – посещаем – _____ – посещай – посещайте (visit)

   6. улыбаться – _____ – улыба – улыбайся – улыбайтесь (smile)

9. Transform the infinitive phrases into instructions. The ones on the left are from a doctor and should be in the second person plural. The ones on the right are from a mother and should be in the second person singular. Write the transformed phrases under the images.

[____] A. Принимать эти таблетки два раза в день. _____	[____] a. Не пить холодную воду. _____
[____] B. Менять эту повязку через каждые два часа. _____	[____] b. Не гулять на улице без шапки. _____
[____] C. Пить побольше жидкости. _____	[____] c. Возвращаться домой не позже десяти часов вечера. _____
[____] D. Приходить на приём через неделю. _____	[____] d. Не забыть помыть посуду. _____
[____] E. Записывать показатели давления в течение дня. _____	[____] e. Полить цветы. _____

10. Match the columns to create word combinations and phrases.

[___] 1. подхватить	**A.** больничном
[___] 2. ты на	**B.** приём
[___] 3. выписать	**C.** крови и мочи
[___] 4. оставаться	**D.** спина
[___] 5. сдать анализы	**E.** мазь
[___] 6. записаться на	**F.** простуду
[___] 7. ты заболела	**G.** операцию
[___] 8. у меня болит	**H.** гриппом
[___] 9. наносить	**I.** лекарство
[___] 10. делать	**J.** в постели

11. Complete the conversation with the word combinations from Exercise 10. Pay attention to the useful conversational words and expressions in bold. Check your work with the help of the translation and role-play the conversation.

Вика: Привет, Катя! Что с твоим голосом?

Катя: Привет, Вика! Всё нормально, просто осень – это **самое время** 1)_____ _____.

Вика: О, нет! А может быть, ты 2)_____?

Катя: Типичная Вика! Давай ещё скажи, что мне нужно 3)_____!

Мне просто нужно 4)_____ и пить побольше жидкости.

Вика: Но 5)_____?

Катя: Нет, я работаю из дома.

Вика: Это нехорошо! У тебя что-нибудь болит?

Катя: Да, у 6)_____.

Вика: Ты пробовала 7)_____, которую я тебе давала?

Катя: О нет! **Она воняет!**

Вика: Это не важно. Главное, что она помогает! Я считаю, тебе нужно 8)_____к врачу.

Катя: Зачем? Чтобы 9)_____и понять, что со **мной всё в порядке**?

Вика: Какая ты безответственная! Может быть, врач сможет 10)_____, которое тебе быстро поможет.

Катя: Я знаю, что мне поможет! Приезжай ко мне!

Вика: А твоя простуда не **заразная**?

Катя: Нет! Я расскажу, кого я вчера видела на вечеринке у Ани.

Вика: О! Я уверена, твоя простуда не заразная! **Я уже бегу!**

Vika: Hi, Katya! What's wrong with your voice?

Katya: Hi, Vika! Everything is fine, it's fall – **just the right time** to catch a cold.

Vika: Oh, no! Maybe you have the flu?

Katya: So typical of Vika! Come on, tell me I need a surgery! I just need to stay in bed and drink more fluids.

Vika: But are you on a sick leave?

Katya: No, I'm working from home.

Vika: That's not good! Does anything hurt?

Katya: Yes, my back hurts.

Vika: Did you try to apply the ointment I gave you?

Katya: Oh, no! **It stinks**!

Vika: It doesn't matter. The main thing is that it helps. I think you should make an appointment with a doctor.

Katya: For what? To take blood and urine tests just to understand that **I'm totally fine**?

Vika: How irresponsible you are! Maybe the doctor will prescribe a medicine that will help you soon.

Katya: I know what will help me! Come to me!

Vika: Is your cold **contagious**?

Katya: No, it isn't! I'll tell you who I saw at Ann's party yesterday.

Vika: Oh, I'm sure your cold isn't contagious. **I'm coming**!

 12. Listen to a series of short, connected conversations. Fill in the missing words, check your work with the Answer Key and role-play the conversations.

Conversation I

Дима: Алло, здравствуйте! Это **1)**_____?

Женщина: Да. Что вы хотели?

Дима: Я хочу **2)**_____ на приём.

Женщина: К какому врачу вы хотите попасть?

Дима: Я не знаю. Я не умею **3)**_____ диагноз.

Женщина: Хорошо. А на что вы **4)**_____?

Дима: У меня часто болит и **5)**_____ голова. И я очень быстро устаю.

Женщина: Хорошо, я запишу вас к **6)**_____. Завтра в два часа дня вам подойдёт?

Дима: Да, спасибо!

Dima: Hello! Is this the registration desk?

Woman: Yes. What did you want to ask?

Dima: I'd like to make an appointment.

Woman: Which doctor do you want to see?

Dima: I don't know. I can't make a diagnosis.

Woman: Okay. What seems to be the problem?

Dima: I often have headaches and dizziness. And I get tired easily.

Woman: Okay, I'll arrange an appointment with a physician. Is tomorrow at 2 p.m. okay for you?

Dima: Yes, thank you!

 **Conversation II**

Доктор: Итак, вы говорите, что у вас болит и кружится голова.

Дима: Да, доктор. А ещё я устаю буквально через час после того, как просыпаюсь. Что вы 1)_____ при головной боли?

Доктор: Я не могу ничего советовать, пока мы не узнаем причину. Давайте для начала измерим ваше 2)_____ и температуру.

Доктор (через 2 минуты): Давление и температура в норме. Как давно у вас эти 3)_____?

Дима: Я чувствую себя 4)_____ уже около года. Доктор, мне страшно. Может быть, у меня 5)_____?

Доктор: Не нужно сразу думать о плохом. Сдайте 6)_____ крови и мочи. Обязательно 7)_____.

Дима: Вы уверены? Может быть, меня нужно 8)_____?

Доктор: Не паникуйте. Сдавайте анализы и приходите завтра.

Doctor: So, you say you have a headache and dizziness.

Dima: Yes, doctor. And I also get tired literally an hour after I wake up. What would you recommend if I have a headache?

Doctor: I can't recommend anything until we find out the cause. Let's check your blood pressure and temperature first.

Doctor (two minutes later): The pressure and the temperature are within normal limits. How long have you had these symptoms?

Dima: I have not been feeling quite well for about a year. Doctor, I'm scared. Maybe I have cancer?

Doctor: You shouldn't think of bad things first. Take blood and urine tests. Make sure to do it on an empty stomach.

Dima: Are you sure? Maybe I should be hospitalized?

Doctor: Don't panic. Take the tests and come tomorrow.

 **Conversation III**

Доктор: Итак, давайте посмотрим на результаты ваших анализов. Не волнуйтесь, но у вас плохой анализ 1)_____.

Дима: Что это, доктор? Я смогу 2)_____?

Доктор: Успокойтесь. Я почти уверен, что сможете. У вас низкий уровень гемоглобина.

Дима: Что это значит?

Доктор: Вашему 3)_____не хватает железа.

Дима: И как это 4)_____?

Доктор: Для начала нужно понять, почему уровень так 5)_____. Давайте обсудим ваш рацион.

Дима: О, я на отличной 6)_____!

Доктор: Диета? Какая?

Дима: Уже год я ем только фрукты!

Доктор: Хм, кажется, я знаю, в чём проблема.

Doctor: So, let's take a look at your test results. Don't worry, but you have a bad blood test result.

Dima: What is it, doctor? Will I get better?

Doctor: Calm down. I'm almost sure you will. You have a low hemoglobin level.

Dima: What does it mean?

Doctor: Your body lacks iron.

Dima: And how do I fix it?

Doctor: First of all, we should understand why the level is so low. Let's talk about your diet.

Dima: Oh, I'm on a great diet!

Doctor: Diet? What kind of diet?

Dima: I've been eating only fruit for a year already!

Doctor: Hm, looks like I know what the problem is.

ПРАЗДНИКИ БЫВАЮТ РАЗНЫЕ
HOLIDAYS CAN BE DIFFERENT

Меня зовут Анжелика, и я странный человек. Почему? Я не люблю **праздники**. Например, мой муж любит **отмечать** любые **события**: дни рождения, годовщины, юбилеи. Для меня это всё ассоциируется с шумом, **суетой** и усталостью.

My name is Angelika and I'm a strange person. Why? I don't like **holidays**. My husband loves **celebrating** any **event**: **birthdays, anniversaries, jubilees**. For me, all these things are associated with noise, **hustle and bustle**, and tiredness.

Мой муж **приглашает много гостей**. Он любит **наряжаться** и делать большое **застолье**, где все бесконечно **говорят тосты** и **чокаются**!

My husband **invites many guests**. He likes to **dress up** and have a big **meal** where everyone **toasts** and **clinks glasses** endlessly.

Мне в праздниках нравятся другие вещи. Мне нравится **украшать дом** и **создавать уют**. Я люблю **придумывать особенные подарки**. Мне нравится **загадывать желания**. Я люблю готовить, но не для толпы голодных людей, а **только для нас двоих**. Но я не жалуюсь. Когда приходят праздники, мы **находим компромиссы**.

There are other things I like about the holidays. I like **decorating the house** and **making it cozy**. I like **thinking about special gifts**. I like **making wishes**. I like cooking, not for a bunch of hungry people, but **just for the two of us**. Still, I don't complain. When the holidays come, we **find compromises**.

HOLIDAY NAMES VOCABULARY LIST

Новый год	New Year
Рождество	Christmas
сочельник	Christmas Eve
8 марта	March 8 / Women's Day
Масленица	Maslenitsa
Пасха	Easter
Радуница	Radunitsa
День труда	Labor Day
День Победы	Victory Day
День независимости	Independence Day
День матери	Mother's Day
День учителя	Teacher's Day
день рождения	birthday
годовщина	anniversary
юбилей	jubilee
свадьба	wedding
новоселье	housewarming

Radunitsa is celebrated nine days after Easter and is a holiday in memory of the deceased.

Maslenitsa is a week before Lent, when people say goodbye to winter and welcome back spring. Bliny – thin pancakes – is the main part of the holiday.

CELEBRATION VOCABULARY LIST

праздник	holiday
устроить праздник	to make, arrange a holiday
событие	event
повод	occasion
застолье	meal, feast
праздновать	to celebrate
отмечать	to celebrate, commemorate
дарить (цветы, подарки)	to present with (flowers, gifts)
поздравлять с + Instrumental case	to congratulate on
желать	to wish
загадывать желание	to make a wish
приглашать на + Accusative case	to invite to
приглашение	invitation
украшать	to decorate
украшение	ornament, decoration
Дед Мороз	Father Frost (Russian Santa Claus)
Снегурочка	Snegurochka (Father Frost's granddaughter)
ёлка	Christmas tree
ёлочная игрушка	Christmas ornament
снеговик	snowman
лепить снеговика	to make a snowman
кататься на санках / лыжах / коньках	to sled / ski / skate
костёр	bonfire
сжигать чучело	to burn a straw man
блины	bliny (thin pancakes)
печь	to bake
соблюдать пост	to keep Lent / to keep the Lenten fast
идти на службу	to visit a church service
наряжаться	to dress up
говорить тост	to propose a toast
чокаться	to clink glasses
фейерверк	fireworks
бенгальские огни	sparkler or flare

ADJECTIVES VOCABULARY LIST

праздничный	festive
нарядный	ornate well-dressed
яркий	bright
красочный	colorful
уютный	cozy
домашний	homey
особенный	special
шумный	noisy
международный	international
любимый	favorite
главный	main
снежный	snowy
торжественный	solemn
душевный	heartwarming
церковный	church, spiritual

GRAMMAR
ADJECTIVES: DEGREES OF COMPARISON

The logic of forming degrees of comparison of adjectives in the Russian language is quite similar to that in English. First of all, there are three degrees of comparison:

1. **Positive. Simply indicates a quality of the noun.**

    Это ёлочное украшение **красивое**. – This Christmas tree ornament is **beautiful**.

2. **Comparative. Compares the qualities of nouns with each other.**

    Моё украшение **красивее**, чем твоё. – My ornament is **more beautiful** than yours.

3. **Superlative. Indicates that a quality is superior to that of other object(s).**

    Это украшение **самое красивое**. – This ornament is **the most beautiful** one.

 Note: not all adjectives can have comparative forms. This includes adjectives that describe shapes, colors, and materials. You can't say that one noun is more wooden than another.

COMPARATIVE DEGREE

There are two ways to create a comparative degree — simple and compound.

How do you create a simple comparative degree of an adjective?

1. Take an adjective in its nominative singular form.
2. Remove the gender ending.
3. Add the ending -ee.

Этот отель **уютнее**, чем тот, в котором мы были в прошлом году на Рождество. – This hotel is **cozier** than the one we stayed at last year for Christmas.

 Note: adjectives in a simple comparative form have no number, gender, or case.

Семейные праздники **душевнее**, чем государственные. – Family holidays are **more heartwarming** than the state ones (the noun is plural).

Тот праздник у вас дома был **душевнее**, чем тот, что мы устроили в ресторане. – That holiday at your place was **more heartwarming** than the one we arranged at a restaurant (the noun is singular masculine).

 Note: there are a few spelling rules you should remember:

1. If an adjective stem ends in **-г, -к, -х** or **-д, -т, -ст**, then only one **-е** is added.

    громкий – громч**е**
    loud – louder

2. If the stem ends in **-г, -к, -х**, the final consonant is replaced by **-ж, -ч, -ш**, respectively.

    тихий – ти**ш**е
    quiet – quieter

3. If the stem ends in **-ст**, the cluster is replaced by **-щ**.

    простой – про**щ**е
    simple – simpler

HOW TO CREATE A COMPOUND COMPARATIVE DEGREE OF AN ADJECTIVE?

1. Take the adjective as it is;
2. Add the word '**более – more**' if you want to express superiority;
3. Add the word '**менее – less**' if you want to express inferiority.

The words 'более' and 'менее' don't change no matter what form the noun takes, while the adjectives follow regular declension rules. See the rules on pages 161-162.

День Победы **более торжественный** праздник, чем день матери. – Victory Day is a **more solemn** holiday than Mother's Day (nominative).

Наши друзья были на **более торжественном** празднике, чем мы. – Our friends attended a holiday that was **more solemn** than the one we attended (prepositional).

 Note: the choice between a simple and a compound comparative form depends on the style. The compound form is more typical for formal style. But you won't sound strange if you use a compound form in everyday speech.

However, you should remember that the simple form will be a predicate (will indicate who or what the subject is), while the compound form will be descriptive.

Рождество для меня **важнее** Нового года. – Christmas is **more important** to me than the New Year.

Рождество для меня **более важный** праздник, чем Новый год. – Christmas is a **more important** holiday to me than the New Year.

SUPERLATIVE DEGREE – ПРЕВОСХОДНАЯ СТЕПЕНЬ

There are two ways to form the superlative degree—simple and compound. However, the simple form contradicts its name, as it's more difficult both in terms of creation and declension.

Moreover, the simple form of the superlative degree is more characteristic of formal speech. Considering these aspects, we'll start with the compound form to make things easier for you at the beginning.

HOW DO YOU CREATE A COMPOUND SUPERLATIVE DEGREE OF AN ADJECTIVE?

- Take the adjective in the nominative case and in the gender that the noun requires;
- Add the words 'самый', 'самая', 'самое', or 'самые' for masculine, feminine, neutral, and plural, respectively.

Новый год – мой любимый праздник, и я купила **самые дорогие** подарки для всех. – New Year is my favorite holiday, and I bought **the most** expensive presents for everyone.

 Note: both the word "самый" and the adjective should match the noun in number, gender, and case.

HOW DO YOU CREATE A SIMPLE SUPERLATIVE DEGREE OF AN ADJECTIVE?

- Take the adjective in its initial form;
- Remove the ending, leaving only the stem;
- Add 'ейш';
- Add the endings 'ий', 'ая', 'ое', or 'ые' for masculine, feminine, neutral, and plural, respectively.

These adjectives are declined like the ones ending in -ж, -ш, -ч, and -щ.

В России Новый год – это один из **главнейших** праздников. – In Russia, New Year is one of **the most important** holidays.

There is also a way to imply that a person or an object has a characteristic that is the lowest or worst among others in the group. For this purpose, the word 'наименее' is used, and this word remains the same regardless of any grammatical forms.

Для этого праздника я выбрала **наименее яркий** наряд. – I chose **the least bright** outfit for this holiday.

There is one more way to create the superlative degree and it's very common in everyday conversation. To form it, you need to use the simple comparative form + the words "всех" / "всего", which means "than anyone" / "than anything".

На Пасху наш сад **наряднее всех**. – At Easter, our garden is **more decorated than anyone else's**.

There is also a common formula "больше всего" or "меньше всего" that is usually used when we talk about liking/disliking something.

Больше всего я люблю свой день рождения. – I like my birthday **more than anything**.

IRREGULAR COMPARATIVE AND SUPERLATIVE FORMS

 Note that not all superlative forms are incorrect and are listed for consistency.

хороший – лучше – лучший – good – better – the best

плохой – хуже – худший – bad – worse – the worst

маленький – меньше – наименьший – small – smaller – the smallest

близкий – ближе – ближайший – close – closer – the closest

большой – больше – наибольший – big – bigger – the biggest

высокий – выше – высший – high – higher – the highest

глубокий – глубже – глубочайший – deep – deeper – the deepest

далёкий – дальше – самый далёкий – far – farther – the farthest

дешёвый – дешевле – самый дешёвый – cheap – cheaper – the cheapest

долгий – дольше – самый долгий – long – longer – the longest

короткий – короче – кратчайший – short – shorter – the shortest

лёгкий – легче – легчайший – light – lighter – the lightest

поздний – позже – самый поздний – late – later – the latest

редкий – реже – редчайший – rare – rarer – the rarest

сладкий – слаще – сладчайший – sweet – sweeter – the sweetest

широкий – шире – широчайший – wide – wider – the widest

ADJECTIVES THAT ARE OFTEN CONFUSED

1. Старый vs. старший

What does "старый" mean?

The translation of this word is "old" and its antonyms are "молодой" or "новый".

У моего дедушки сегодня юбилей. Ему девяносто лет. Все говорят, что он **старый** и многое забывает, но для меня он всегда будет молодым!

My grandpa has an anniversary today. He's ninety years old. Everyone says he's **old** and forgetful, but to me he'll always be young.

Этот костюм **старый**, но я его не выброшу, потому что это первый новогодний костюм моего сына.

This costume is **old**, but I won't throw it away, because it's my son's first New Year costume.

What is its comparative form and what does it mean?

The comparative form of the word "старый" is "старее". However, in modern Russian it's mostly used for inanimate nouns and as an antonym to the word "новее".

Эти туфли **старее** тех, что стоят в шкафу, но они удобнее.

These shoes are **older** than the ones in the closet, but they are more comfortable.

When comparing the ages of people, the comparative form of the adjective "старший" — "старше" is more common.

Мой папа **старше** мамы на десять лет, но они счастливы вместе, и завтра у них пятнадцатая годовщина свадьбы.

My dad is ten years **older** than my mom but they're happy together, and tomorrow it's their fifteen wedding anniversary.

The form "старше" can also be used in this context, but less frequently.

Мне кажется, она выглядит **старше** своего возраста.

It seems to me that she looks **older** than her actual age.

What is its superlative degree and what does it mean?

The simple superlative degree is "старейший". It is typical for formal speech and can't be used as an antonym to "новейший"; it's an antonym to "самый молодой".

Этот мужчина – **старейший** представитель древнего рода.

This man is **the oldest** member of an ancient family.

The compound superlative degree is "самый старый". It is typical for everyday speech and can be used as an antonym to both "самый новый" and "самый молодой".

Это **самая старая** книга во всём музее. – This is **the oldest** book in the museum.

Среди всех моих друзей-пенсионеров я **самый старый**.

I am **the oldest** of all of my retired friends.

 Note that using the word "старый" when talking about people's age is semantically correct but can sound offensive. You can use the word "пожилой – elderly" instead.

What does "старший" mean?

This word has a few translations:

  a. Senior.

    Идеи Андрея глупые, но он **старший** менеджер, и я должен подчиняться.

    Andrey's ideas are stupid, but he's a **senior** manager and I have to obey.

b. Elder, most commonly used in combinations such as "elder brother, sister".

Мои **старшие** сёстры живут далеко, но они приедут домой на Рождество.

My **elder** sisters live far away but they will come home for Christmas.

What is its comparative form and what does it mean?

a. Более старший – more senior in position, rank.

В нашей компании женщины занимают более старшие позиции, чем мужчины.
In our company, women hold more senior positions than men.

b. Старше – older.

Мой брат **старше** меня на пять лет, но до сих пор верит в Деда Мороза.

My brother is five years **older** than me, but he still believes in Father Frost.

What is its superlative form and what does it mean?

The positive degree "старший" already has the meaning of superiority, so we rarely say "самый старший" in the meaning of "the most senior". So, the only meaning left is "самый старший – the oldest, the eldest".

Я самая старшая из четырёх дочерей. – I'm **the eldest** of four daughters.
Я самая старшая среди своих подруг. – I'm **the oldest** among my friends.

1. **Молодой vs. младший**

"**Молодой**" means "young" as an antonym to "старый". "**Младший**" means "younger" and is usually used in the context of a family or a group of children.

Вы ещё слишком **молодые**, чтобы думать о свадьбе!

You're too **young** to be thinking about a wedding!

Таня – моя **младшая** сестра.

Tanya is my **younger** sister.

The comparative forms of these adjectives are "моложе" and "младше". Both can be used to compare the ages of people.

Моя подруга **младше** / **моложе** меня на пять лет. – My friend is five years **younger** than me.

But when we talk about children, we use "младше".

Мой сын на три года **младше** своего двоюродного брата.

My son is three years **younger** than his cousin.

 Note: another difference between "младше" and "моложе" is that "моложе" can be used to emphasize a youthful look.

После отпуска ты даже **моложе** выглядишь!

You look even **more youthful** after the vacation!

The word "младший" also has the meaning of junior in rank/position.

Я **младший** научный сотрудник в институте археологии.

I'm a **junior** research scientist at an institute of archaeology.

Both adjectives have only compound superlative degrees:

самый молодой – the youngest (not applicable to children, since all children are young).

Кто **самый молодой** сотрудник в этой компании?

Who's **the youngest** employee in this company?

самый младший – the youngest (in a family and in a group of children, applicable to a group of adults, but less frequently).

Дети, кто **самый младший** в вашем классе?

Kids, who's **the youngest** in your class?

 Note that the word "младший" already has the meaning of superiority in it, so you can use it even without the word "самый" when you want to say "the youngest" in a group of children or in a family.

Антон **младший** в нашей семье, и бабушки балуют его подарками, особенно на Новый Год.

Anton is **the youngest** in the family and our grandmas spoil him with gifts, especially for the New Year.

PASSIVE VOICE – ПАССИВНЫЙ ЗАЛОГ

Verbs in the active voice express an action performed by the subject and directed at an object.

На Пасху мы **готовим** много разных блюд. – We **cook** many different dishes at Easter.

In the passive voice, the object becomes the grammatical subject and the performer of the action is often omitted.

На Пасху **готовится** много разных блюд. – Many different dishes **are cooked** at Easter.

How do you make a passive form from imperfective verbs?

1. **Find the object of the sentence – the person or thing to which the action is directed.**

На 8 Марта мужчины дарят **женщинам** цветы. – Men give flowers to **women** on March 8.

На Новый год я украшаю **ёлки** у себя дома и у родителей. – On New Year's Eve, I decorate **Christmas trees** at my house and at my parents' house.

2. **Take the verb of the sentence and make it match the identified object in grammatical forms.**

Sometimes they can be the same, as in the first example: мужчины дарят and цветы дарят. In other cases, the forms may differ: я украшаю and ёлки украшают.

3. **Add -ся to the created form and you have the passive form.**

На 8 Марта женщинам **дарятся** цветы. – On March 8, flowers **are given** to women as gifts.

На Новый год **украшаются** ёлки. – Christmas trees **are decorated** on New Year's Eve.

4. **If you need to create a future passive form of an imperfective verb, use the verbs "буду", "будешь", "будем" "будет", "будете" or "будут" + the verb in the infinitive + ся.**

Мы будем украшать ёлку весь вечер. – **We'll be decorating** the Christmas tree all night.

Ёлка будет украшаться весь вечер. – **The Christmas tree will be decorated** all night.

How do you make a passive form from perfective verbs?

In this case, you need a short form of past passive participle. A participle is a verbal adjective. It has grammatical properties of verbs (tense, aspect, voice) and adjectives (gender, number, case).

Я обожаю любоваться **украшенным** к Рождеству городом. – I love to admire the city when it is **decorated** for Christmas.

We'll talk about participles in more detail in another unit. For now, you can see how to form past participles and their short forms on pages 115-118.

1. **Use the short past participle form to express a passive action with a present or past tense meaning.**

   Я загадала желание – желание **загадано**.
   I made a wish – the wish **is (was) made**.

2. **Use был, была, было or были + short past participle form to express a passive action with the past tense meaning.**

   Вчера мы **были приглашены** на юбилей. – Yesterday we **were invited** to an anniversary.

3. **Use будет, будут + short past participle form to express a passive action with the future tense meaning.**

   В честь нашей победы **будет устроен** праздник. – A holiday **will be arranged** in honor of our victory.

 Note that the passive voice is more characteristic of formal speech.

Also remember that if the doer of the action is important, you can add it by putting the noun or pronoun in the dative case.

Мы с сестрой придумали свой собственный праздник.

My sister and I invented our own holiday.

Нами был придуман свой собственный праздник.

A holiday of our own was invented **by us**.

EXERCISES

1. Match the names of the holidays with their attributes, then match the pairs with the corresponding images.

[_____] 1. Радуница	A. костёр
[_____] 2. Масленица	B. цветы
[_____] 3. Пасха	C. кладбище
[_____] 4. свадьба	D. церковная служба
[_____] 5. Новый год	E. торт
[_____] 6. 8 марта	F. ёлка

a.

d.

b.

e.

c.

f.

2. Choose the correct holiday name, according to the context. To help you learn more about Russian culture, we've included the translation.

    1. На **Рождество / Масленицу** люди пекут блины и сжигают соломенную куклу как символ зимы и её смерти.

        On Christmas / Maslenitsa, people make bliny and burn a straw doll as a symbol of winter and its death.

    2. На **новоселье / день рождения** есть традиция первой в дом впускать кошку.

        There is a housewarming / birthday tradition of letting a cat into the house first.

    3. На **Радуницу / Новый год** люди посещают могилы усопших родственников.

        On Radunitsa / New Year, people visit the graves of their deceased relatives.

    4. Торжественный парад – это атрибут **Дня Победы и Дня учителя / Дня независимости**.

        A solemn parade is characteristic of Victory Day and Teacher's Day / Independence Day.

    5. На **Радуницу / Пасху** люди красят яйца и пекут куличи. Куличи – это сдобные булочки.

        On Radunitsa / Easter, people paint eggs and bake kulichi. Kulichi are fancy buns.

    6. На **День труда / Новый год** люди дарят детям подарки от имени Деда Мороза.

        On Labor Day / New Year's Day, people give gifts to children in the name of Father Frost.

3. Choose the right word, according to the context. No translation this time.

    1. Мамочка, **поздравляю / отмечаю** тебя с днём матери!

    2. На днях рождения я не люблю **чокаться / говорить тосты**, потому что я стесняюсь.

    3. Перед Пасхой не много людей **соблюдают пост / ходят на службу**. В основном, люди продолжают есть мясную и молочную пищу.

4. Поздравляю вас с годовщиной свадьбы и **желаю / праздную** прожить вместе ещё столько же лет!

5. Моей бабушке 85, но она всегда **украшается / наряжается** на свой день рождения.

6. Некоторые суеверные люди считают, что **отмечать / желать** 40 лет – это плохой знак.

7. Дети, пойдём **лепить / украшать** снеговика! Давайте сделаем огромного!

8. Рождество и Новый год – самые **снежные / государственные** праздники в году.

4. Match the adjectives with their comparative and superlative degree forms.

[____] 1. молодой	A. ярче	a. старейший
[____] 2. широкий	B. важнее	b. самый главный
[____] 3. старый	C. моложе	c. самый красивый
[____] 4. яркий	D. красивее	d. легчайший
[____] 5. главный	E. ближе	e. самый короткий
[____] 6. важный	F. старее	f. самый яркий
[____] 7. красивый	G. легче	g. ближайший
[____] 8. лёгкий	H. короче	h. самый широкий
[____] 9. близкий	I. шире	i. самый молодой
[____] 10. короткий	J. главнее	j. важнейший

5. Choose between a comparative and superlative degree.

1. Для большинства людей в России Новый год **самый важный / важнее**, чем Рождество.

2. Зимой ночи **короче / самые короткие**, чем летом, и праздники делают зиму уютнее.

3. Он **младший / младше** ребёнок в семье, и ему всё сходит с рук.

4. Вчера во дворе мы лепили снеговиков. Наш был **самый большой / больше** всех!

5. Когда упала звезда, я загадала **более важное / самое важное** желание – чтобы все были здоровы!

6. Эта вечеринка **самая шумная / более шумная** из всех!

7. Его подарок был **самый лёгкий / легче**, чем мой, но он был дороже.

8. Ты **самый старший / старше** меня на пять лет.

6. Choose the correct grammatical form for comparative and superlative adjectives.

   1. В Москве мы любовались_____фейерверком в мире!
      In Moscow, we were admiring the most beautiful fireworks in the world!

      A. самый красивый   **B.** самым красивым   **C.** самого красивого

   2. **Сегодня мне нужно поздравить**_____**с днём рождения.**
      Today I need to congratulate my best friend on his birthday.

      A. лучшего друга   **B.** лучшем друге   **C.** лучший друг

   3. **Она пришла на день рождения в**_____**платье из шёлка.**
      She came to the birthday party in a lightweight silk dress.

      A. легчайшему   **B.** легчайшее   **C.** легчайшем

   4. **Для меня нет**_____**праздника, чем Рождество.**
      For me, there is no more special holiday than Christmas.

      A. более особенным   **B.** более особенного   **C.** более особенном

   5. **Я декоратор. Вчера я украшала**_____**зал в своей карьере!**
      I'm a decorator. Yesterday I decorated the biggest hall in my career.

      A. самого большого   **B.** самым большим   **C.** самый большой

   6. **Вчера мы были в**_____**месте, но оно было уютнее.**
      Yesterday we were at a less bright place, but it was cozier.

      A. менее ярком   **B.** менее яркого   **C.** менее яркое

7. Мы приглашаем всех на_____событие в нашей жизни: на нашу свадьбу!
We invite everyone to the most important event in our lives: our wedding!

   A. самому важному   B. самого важного   C. самое важное

8. Завтра я иду на юбилей со своим_____.
Tomorrow I'm going to an anniversary party with my younger brother.

   A. младшим братом   B. младший брат   C. младшего брата

7. Complete the sentences with the correct forms of the easily confused adjectives *молодой*, *младший*, *старый*, and *старший*. Note that in some cases, there may be two correct answers and some adjectives must be declined.

   1. У нас с братом большая разница в возрасте. Он_____меня на пятнадцать лет, и сегодня я иду лепить с ним снеговика.
   My brother and I have a big age difference. He's fifteen years younger than me, and today I'm going to make a snowman with him.

   2. Дети, Таня точно_____Насти?
   Kids, are you sure that Tanya is younger than Nastya?

   3. Эй, солдаты! Кто здесь_____?
   Hey, soldiers! Who's the senior here?

   4. Моя мама_____своей сестры на три года.
   My mom is three years younger than her sister.

   5. Простите, я опаздываю. Мне нужно забрать_____сестру из школы.
   Sorry, I'm late. I have to pick up my younger sister from school.

   6. Эта церковь_____во всей стране.
   This church is the oldest in the country.

   7. Я хочу поздравить своего_____брата с днём рождения!
   I'd like to congratulate my older brother on his birthday!

   8. Я работаю_____помощником в юридической фирме.
   I work as a junior assistant in a law firm.

   9. Она_____его на семь лет, но они влюблены друг в друга.
   She's seven years older than him, but they are in love.

   10. Моя кузина_____меня всего на один день.
   My cousin is just one day younger than me.

8. Match active-voice sentences with their passive-voice equivalents. Pay attention to how the forms were created. Then match the pairs with the pictures.

[____] 1. На Новый год мы украшаем дом гирляндами.	A. На День Победы в городе будет устроен парад.
[____] 2. На Пасху мы печём куличи.	B. На Новый год дом украшается гирляндами.
[____] 3. На День Победы в городе устроят парад.	C. На день матери для мамы был приготовлен сюрприз.
[____] 4. На день учителя дети дарят учителям цветы и конфеты.	D. В полночь зажигаются бенгальские огни.
[____] 5. На день матери мы с братом приготовили для мамы сюрприз.	E. На Пасху пекутся куличи.
[____] 6. В полночь мы зажигаем бенгальские огни.	F. На день учителя учителям дарятся цветы и конфеты.

a.

c.

e.

b.
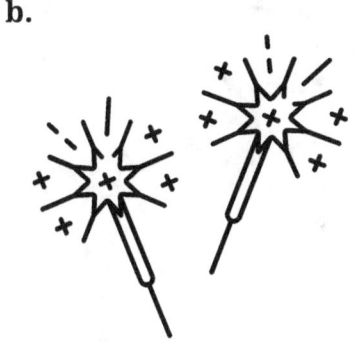

d.

f.

9. Imagine you're going to change these active-voice sentences to passive voice. Find the object to which the action is directed.

   1. У мамы и папы завтра годовщина свадьбы, и они пригласили много гостей.

   2. Мы с младшим братом украсим ёлку игрушками и гирляндами.

   3. Рождение ребёнка – важное событие, и мы устроили большое застолье!

   4. В нашей семье все соблюдают пост перед Пасхой.

   5. В семье моих друзей не празднуют Рождество.

   6. На Масленицу мы с мамой печём блины.

10. The sentences from Exercise 9 are now almost completely in the passive voice. All you have to do is choose the correct form to complete them.

    1. На годовщину свадьбы мамы и папы **было приглашено** / **приглашается** много гостей.

    2. Ёлка **украшается** / **будет украшена** игрушками и гирляндами.

    3. **Было устроено** / **будет устроено** большое застолье.

    4. В нашей семье перед Пасхой **соблюдается** / **будет соблюдаться** пост.

    5. В семье моих друзей **не празднуется** / **праздновалось** Рождество.

    6. На Масленицу **пекутся** / **пеклись** блины.

11. Practice the rules for creating passive forms of imperfective verbs.

    Example: Маша готовит пироги. – Masha is cooking pies.

    - пироги is the object
    - пироги готовят
    - пироги готовятся

1. Строители строят дом. – Builders are constructing a house.

2. Мы убираем комнату раз в неделю. – We clean the room once a week.

3. Я покупаю подарки. – I'm buying gifts.

4. Мы храним яблоки в кладовке. – We keep apples in a pantry.

5. Я измеряю длину линейкой. – I measure the length using the ruler.

6. Я продаю свою квартиру. – I'm selling my apartment.

12. Practice the rules for creating passive forms of perfective verbs.

Example: Маша приготовила пироги. – Masha cooked the pies.

- приготовить

- приготовил (past form)

- приготов (past tense ending removed)

- приготовленный (the ending added, в added as an exception)

- приготовлен (a short form)

1. Строители построили дом. – The builders constructed a house.

2. Мы убрали комнату. – We cleaned our room.

3. Я купил подарки. – I bought gifts.
   _____

4. Мы положим яблоки в кладовку. – We will put the apples in the pantry.
   _____

5. Я измерю длину линейкой. – I will measure the length using the ruler.
   _____

6. Я продал свою квартиру. – I sold my apartment.
   _____

13. Choose the correct form of the passive voice. To help you understand and apply the rule, we've also included the active voice version of the sentence.

    1. Автор написал эту книгу о русских традициях полвека назад.
       Эта книга о русских традициях_____полвека назад.

       This book about Russian traditions was written half a century ago.

       A. будет написана   C. была написана
       B. написалась   D. пишется

    2. Если ты не хочешь играть с этой куклой, я подарю её кому-нибудь другому.
       Если ты не хочешь играть с этой куклой, она_____кому-нибудь другому.

       If you don't want to play with this doll, it will be given as a gift to someone else.

       A. подарится   C. дарится
       B. была подарена   D. будет подарена

    3. Ммм, куличи наполняют дом своим ароматом. Обожаю Пасху!
       Ммм, дом_____ароматом куличей. Обожаю Пасху!

       Mmm, the house is filled with the smell of kulichi. I love Easter!

       A. будет наполнен   C. наполнен
       B. наполняется   D. был наполнен

4. Раньше в России организовывали большие парады на День труда, но сейчас для большинства людей это просто дополнительный выходной день.
   Раньше в России на День труда_____большие парады, но сейчас для большинства людей это просто дополнительный выходной день.

   There used to be big parades on Labor Day in Russia, but now it's just an extra day off for most people.

   A. организовывали
   B. организовывались
   C. были организованы
   D. будут организованы

5. Раньше в Рождественский сочельник готовили особую кашу с изюмом и мёдом, но сейчас это не очень распространённая традиция.
   Раньше в Рождественский сочельник_____особая каша с изюмом и мёдом, но сейчас это не очень распространённая традиция.

   A special porridge with raisins and honey used to be cooked on Christmas Eve, but it's not a very common tradition today.

   A. готовилась
   B. готовили
   C. будут готовить
   D. была приготовлена

6. В этом году я буду праздновать свой день рождения на море.
   В этом году мой день рождения_____на море.

   This year my birthday will be celebrated by the sea.

   A. празднуется
   B. был отпразднован
   C. будет праздноваться
   D. праздновался

7. Мы приготовили десять разных блюд к папиному юбилею.
   К папиному юбилею_____десять разных блюд.

   Ten different dishes were cooked for Dad's birthday.

   A. было приготовлено
   B. готовится
   C. будет приготовлено
   D. готовилось

8. Во время застолья папа сказал тост, который всех рассмешил.

   Во время застолья_____тост, который всех рассмешил.

   During the festive meal, a toast was proposed that made everyone laugh.

   A. скажется
   B. будет сказан
   C. говорится
   D. был сказан

14. Listen to the short texts about Russian holidays and traditions in fill in the missing words.

Новый год или Рождество?

Если вы спросите русского человека, какой 1)_____для него важнее, Новый год или Рождество, то большинство людей ответит, что это Новый год. Почему так? Так было не всегда. До революции 1917 года Рождество было гораздо более важным 2)_____, чем празднование Нового года. Советская власть была против 3)_____праздников и всего, что связано с религией.

Но новой власти были нужны новые 4)_____, поэтому Новый год был придуман как замена Рождеству. Также были придуманы новые персонажи: 5)_____и Снегурочка, его внучка. Новая власть также постаралась наполнить праздник волшебством, поэтому появилась новогодняя традиция загадывать 6)_____ и верить в чудеса.

New Year or Christmas?

If you ask a Russian which holiday is more important to them — New Year or Christmas — most people will answer that it's New Year. Why is that? It wasn't always so. Before the Revolution of 1917, Christmas was a much more important event than New Year. Soviet authorities were against church holidays and anything related to religion. However, the new authorities needed new traditions, so New Year was invented to replace Christmas. New characters were also invented: Father Frost and Snegurochka, his granddaughter. New authorities also tried to fill the holiday with magic, so the New Year's tradition of making wishes and believing in miracles appeared.

 **Радуница**

Радуница – это церковный славянский праздник, который отмечают даже большинство людей, которые не ходят в **1)**_____. В этот день люди идут на **2)**_____, чтобы вспомнить умерших родственников и друзей. Очень часто люди несут с собой еду и напитки. Это может **3)**_____ странным, но это способ почувствовать связь с теми, кого уже нет. Если вы посмотрите на название праздника, то увидите в нём краткое прилагательное "рад", которое **4)**_____ на английский как "happy" или "glad". Люди верят, что их родственники рядом, и счастливы, что живые пришли к ним в гости и разделяют с ними **5)**_____. Верующие люди больше сконцентрированы на молитве, чем на еде, и молятся за усопших не только на кладбище, но и на особенной **6)**_____ в церкви.

Radunitsa

Radunitsa is a religious Slavic holiday that is celebrated even by most people who don't go to church. On this day, people go to the cemetery to remember their deceased relatives and friends. Very often people take food and drinks with them. This may seem strange, but it's a way to feel a connection with those who are already gone. If you take a look at the holiday's name, you will see in it the short adjective "рад", which is translated into English as "happy" or "glad". People believe that their relatives are near and are happy that the living have come to visit them and share the meal with them. Believers focus more on prayer than food and pray for the deceased not only at the cemetery, but also at a special church service.

 **Масленица**

Масленица – это языческая традиция, которая нашла своё место в жизни людей и после прихода христианства. Масленица 1)_____ целую неделю. Семь дней до начала Великого Поста люди 2)_____ блины. Часто 3)_____ ярмарки, на которых можно попробовать традиционные блюда и увидеть, как сжигают соломенное 4)_____. Как правило, это огромная кукла, которая 5)_____ зиму. Раньше люди верили, что, сжигая куклу, они прогоняют зиму и ускоряют приход 6)_____. Сегодня же это просто весёлая традиция.

Maslenitsa

Maslenitsa is a pagan tradition that found its place in people's lives even after Christianity came. Maslenitsa is celebrated for one week. For seven days before the beginning of Lent, people bake bliny. Often there are fairs where one can taste traditional dishes and see how a straw man is burnt. Usually it's a huge doll that symbolizes winter. People used to believe that by burning this doll they would drive away winter and speed up the arrival of spring. Today it's just a fun tradition.

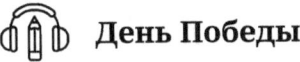 **День Победы**

День Победы 1)_____ девятого мая. В этот день люди

2)_____ победу Советского Союза во Второй мировой войне.

Это 3)_____ праздник, и в этот день у всех людей выходной, даже если это не суббота и не воскресенье. Каждый год по всей стране устраиваются

4)_____ парады и концерты. По телевизору можно посмотреть художественные и документальные 5)_____ о войне. Также в этот день особое внимание уделяется ветеранам войны и людям, которые в те годы были 6)_____.

Victory Day

Victory Day is celebrated on May 9. On this day, people commemorate the victory of the Soviet Union in World War II. It's a state holiday and all people have a day off, even if it's not Saturday or Sunday. Every year people organize solemn parades and concerts all over the country. You can watch fiction and documentary war movies on TV. A lot of attention is paid to veterans and people who were children during the war.

ИДЕАЛЬНЫЙ ОТПУСК
A PERFECT VACATION

В этом году у нас с подругой **отпуск** в одно и то же время. Сначала мы очень обрадовались: наконец-то мы сможем **съездить куда-то** вместе! Но потом мы поняли, что **спланировать совместное путешествие** не так уж и просто.

This year, my friend and I have a **vacation** at the same time. At first, we were happy: finally, we'll be able to **go somewhere** together! But then we realized that **planning a trip together** is not that easy.

Во-первых, я люблю море, горы и пляжи, а моя подруга предпочитает большие города и их **достопримечательности**. Во-вторых, я люблю **ездить на поезде**, а моя подруга обожает **путешествовать по воздуху**. В-третьих, я люблю европейские страны, а моя подруга **с ума сходит по** Востоку.

First, I like the sea, mountains, and beaches, while my friend prefers big cities and their **sights**. Second, I like to **travel by train**, while my friend likes to **travel by plane**. Third, I like European countries, while my friend **is crazy about** the East.

В итоге мы решили, что нам обеим стоит **выйти из своей зоны комфорта**. Мы разделили отпуск на две части. Сначала мы **доедем до** Испании на поезде, проведём три дня на море, будем **загорать и любоваться закатами**. Потом через три дня мы **вылетаем** в Дубай и **будем наслаждаться городской жизнью**. Хотя это и компромисс, я считаю, что я выиграла, потому что в Дубае тоже есть море!

Finally, we decided that we both needed to **get out of our comfort zones**. We split the vacation into two parts. First, we'll **get to** Spain by train and spend three days by the sea, **sunbathing and admiring sunsets**. Then after three days we'll **fly to** Dubai and **enjoy city life**. Although it's a compromise, I think I've won, because there is a sea in Dubai!

VACATION VOCABULARY LIST

 Note that this vocabulary list lacks many of the A-level words related to the topic. It has a few to refresh your vocabulary and also expands it with more advanced B-level verbs and expressions. You will have a chance to revise more words you already know in the Exercises section.

VACATION AND HOW TO SPEND IT	
идти / уходить в отпуск быть в отпуске	to go on vacation be on vacation
каникулы быть на каникулах	holidays, vacation (for schoolchildren and students) to have holidays
отдых быть на отдыхе	rest to rest (somewhere like in a trip or hotel)
наслаждаться	to enjoy
отпускные	vacation pay
поездка	trip, road trip
турпоход	camp trip
круиз	cruise
путешествие	trip, travelling
тур выходного дня	city break
поехать куда-то / на море / в горы / за границу	to go somewhere / to the seaside / to the mountains / abroad

84 Unit 4 | *Russian Made Easy Level 2*

GOING ON VACATION	
выбрать туроператора	to choose the tour operator
забронировать билеты / отель (заранее)	to book tickets / hotel (in advance)
заплатить наличными / картой	to pay in cash / by card
купить всё необходимое	to buy the essentials
собрать чемоданы	to pack the suitcases
косметические принадлежности косметичка	bathroom essentials washbag
документы	credentials (for example, ID, birth certificate)
страховка	insurance
расписание	schedule
отменить рейс	to cancel a flight
зал ожидания	waiting lounge
сдавать багаж	to register luggage
ручная кладь	hand luggage
опоздать на поезд/самолёт	to be late for train / flight
сдать билеты	to return tickets
заселиться в отель	to check in
обслуживание номеров	room service
пожаловаться	to file a complaint
всё включено	all inclusive
первая береговая линия	front (relates to how far a hotel is from the beach)
осматривать достопримечательности	to see the sights, city attractions
экстремальные развлечения	extreme entertainment / extreme fun
выселиться из отеля	to check out

VERBS OF MOVEMENT

 Note that Russian verbs of movement exist in pairs. These pairs are usually of the same root and have the same translation in English, but have different connotations in Russian. One verb usually expresses a unidirectional movement and / or a one-time action, while the other is for multidirectional movements and / or habitual, repeated actions. First study the pairs and then look at the examples. We've included them for each pair.

UNIDIRECTIONAL, ONE-TIME	MULTIDIRECTIONAL, HABITUAL	ENGLISH TRANSLATION
идти	ходить	to walk
ехать	ездить	to go by vehicle
лететь	летать	to fly
плыть	плавать	to swim, sail
бежать	бегать	to run
нести	носить	to carry
вести	водить	to lead, to take (the doer of the action walks)
везти	возить	to take by vehicle

1. **идти vs. ходить**

Я **иду** на вокзал купить билеты на поезд. – I **am going** to the train station to buy tickets for the train. (I'm moving in one direction, it's a one-time action, because I definitely don't do it often).

Я часто **хожу** в эти сувенирные лавки у отеля. – I often **go** to these gift shops near the hotel. (I move in different directions because there are many shops and each one is in its own place; it's a repeated action, because I do it often).

Когда я на отдыхе, я **хожу** на пляж только после обеда. – When I'm on vacation, I **go** to the beach only in the afternoon. (I'm moving in one direction, but the action is habitual, in such a case the second argument always has more power).

2. ехать vs. ездить

Завтра мы с друзьями **едем** в горы! – Tomorrow, my friends and I are **going** to the mountains. (It's a one-time action).

Мы с друзьями никогда не **ездим** в горы зимой. – My friends and I never **go** to the mountains in winter. (It's a habitual action).

3. лететь vs. летать

Прости, дорогая, но мы **не летим** с тобой: планы изменились. – Sorry, dear, but we **are not flying** with you: our plans have changed.

Жаль, что люди не умеют **летать**! Я бы **летала** на море без билетов и самолётов! – I wish people could **fly**! I would **fly** to the sea without tickets and airplanes! (In the first case we're talking about the ability to fly, so we treat it as something habitual or repeated).

4. плыть vs. плавать

Мы едем в круиз! Мы **будем плыть** на огромном корабле две недели. – We're going on a cruise! We **will be sailing** for two weeks on a huge ship.

На пляже я больше люблю загорать, чем **плавать**. – On the beach, I like sunbathing more than **swimming**.

5. бежать vs. бегать

Я **бегу**, потому что опаздываю на самолёт. – I **am running** because I may be late for my flight.

Я **бегаю**, когда хочу стряхнуть стресс. – I **run** when I want to get rid of stress.

6. нести vs. носить

Я **несу** в рюкзаке кучу сувениров. Я привёз их из отпуска. – I **am carrying** tons of souvenirs in my backpack. I brought them from my vacation.

Обычно я **ношу** продукты в рюкзаке. – I usually **carry** groceries in my backpack.

7. вести vs. водить

Сегодня я **веду** гостей на экскурсию утром, но обычно мы делаем это днём. – Today, **I am taking** the guests on an excursion in the morning, but usually we do it in the afternoon.

Мы не **водим** экскурсии в деревни местных жителей, потому что это опасно. – We don't **take** excursions to the villages of the local people because it's dangerous.

8. везти vs. возить

Я водитель автобуса, и сегодня я **везу** туристов отдыхать за границу. – I'm a bus driver and today I **am taking** tourists to rest abroad.

Я водитель, и каждую неделю я **вожу** туристов отдыхать за границу. – I'm a driver and every week I **take** tourists to rest abroad.

 Since these words have many irregular declension forms, we're including them in the Grammar Appendix, see pages 159.

 Note that the first person singular forms of the verbs "водить" and "возить" coincide in the present tense. Compare:

водить – take on / by foot

возить – take on / by vehicle

По понедельникам я **вожу** сестру в садик вместо мамы.
On Mondays, I **take** my sister to kindergarten instead of my mom.

Я **вожу** сестру в садик на велосипеде.
I **take** my sister to kindergarten on my bike.

VERBS OF MOVEMENT WITH PREFIXES

In Russian, the verbs of movement can acquire different shades of meaning with the help of different prefixes. Sometimes, this can lead to changes in the English translation.

Below are some of the most common prefixes and their meanings. It's also important to know that most verbs will require a preposition before the noun, which indicates the direction or goal of the movement. You can see the prepositions in the examples.

1. при – arrival, completion

Мы **приехали в** отель ночью и легли спать, не распаковывая чемоданы.

We **arrived at** the hotel at night and went to bed without unpacking our suitcases.

Я **приду к** тебе вечером и **принесу** фотографии, которые сделала в горах.

I **will come to** you in the evening and **bring** the photos I took in the mountains.

2. вы – out of

Я **выбежал из** дома как сумасшедший, когда понял, что опаздываю на поезд.

I **ran out of** the house like a madman when I realized I was going to be late for my train.

Она **вышла из** такси и забыла заплатить.

She **got out of** the taxi and forgot to pay.

3. у – move away from, leave (no preposition in English)

Я не **уйду из** вашего офиса, пока вы мне не скажете, почему моя страховка не действительна!

I **won't leave** your office until you tell me why my insurance is invalid!

Мы так не хотим **уходить от** вас, но нам уже пора.

We don't want to **leave** you, but it's time.

4. от (ото) – move away from, not move completely, but create some distance; start moving away

Корабль ещё не **отплыл от** берега, а я уже скучаю по тебе.

The ship hasn't **sailed away from** the shore yet, but I miss you already.

5. до – make a movement to a certain point

Я **доведу** вас **до** перекрёстка, а дальше вы сможете найти ваш отель сами.

I **will take** you **to** the crossroads and then you can find your hotel by yourself.

6. под (подо) – make a movement to approach something

К нам **подъехала** машина, и человек спросил дорогу до ближайшего вокзала.

A car **approached** us and a man asked the way to the nearest train station.

Мы **подошли к** кассе, чтобы сдать билеты.

We **came up to** the booking office to return our tickets.

7. пере – make a movement to cross something, get through

Молодой человек, не могли бы вы **перевести** меня **через** дорогу?

Could you **take** me **across** the street, young man?

8. об (обо) – make a movement to get around

Я **обошёл вокруг** здания три раза, но так и не нашёл, где припарковал машину.

I **went around** the building three times but couldn't find where I had parked my car.

9. про – perform the movement for some time and then stop (doesn't require a preposition)

Я **пронесу** коробку **до** четвёртого этажа, а дальше неси её сам.

I'll **carry** the box **up to** floor four, and then you carry it on your own.

THE MEANING OF THE PREFIX "ПО" WITH VERBS OF MOVEMENT

The prefix "по" makes verbs of movement perfective, but the meanings it creates are different for unidirectional, one-time actions and for multidirectional, habitual actions.

The meanings of the prefix "по" with unidirectional, one-time actions:

1. The beginning of the movement.

Мы **пойдём** в турпоход на выходных. – We **will go** on a camping trip on the weekend (the verb means we'll set out).

2. **A new or changed action.**

Сначала мы **бежали** медленно, а потом **побежали** быстрее. – At first we **were running** slowly and then we **started to run** faster.

The meanings of the prefix "по" with multidirectional, habitual actions:

1. **Actions in progress for some time.**

Мы **погуляли** по пляжу, а потому пошли спать. – We **walked** along the beach **for a while** and then went to bed.

 Note that it can be difficult to determine whether the verb of movement is imperfective or perfective. The first thing that helps is the context, but you can also use this rule:

The verb of movement is imperfective, if it:

- doesn't have a prefix
- is a multidirectional verb with any prefix except "по"

The verb of movement is perfective if it's a:

- unidirectional verb with any prefix including "по"
- multidirectional verb with the prefix "по"

EXERCISES

1. Make pairs of the verbs of movement, then match the pairs with the images.

[_____] 1. нести	A. ходить
[_____] 2. идти	B. бегать
[_____] 3. везти	C. летать
[_____] 4. бежать	D. водить
[_____] 5. ехать	E. носить
[_____] 6. лететь	F. ездить
[_____] 7. вести	G. плавать
[_____] 8. плыть	H. возить

a.

d.

g.

b.

e.

h.

c.

f.

2. Choose the right variant depending on the context.

   1. Мы **заселились / выселились** и пошли осматривать достопримечательности.

   2. Пожалуйста, не беспокойте меня, я **на каникулах / в отпуске**.

   3. Я не люблю **турпоходы / отдых в отеле**. Мне обычно не хватает комфорта.

   4. Жаль, что это был **круиз / тур выходного дня**. Время пролетело слишком быстро.

   5. Мне до сих пор не выплатили **отпускные / страховку**. Я рассчитывала на эти деньги, когда планировала отдых.

   6. Не забудь взять с собой **документы / косметические принадлежности**! Тебя не пустят на самолёт без паспорта!

   7. **Всё включено / Обслуживание** номеров в отеле было ужасное! Комнаты всегда были грязными.

   8. Давай поедем отдыхать **на море / за границу**. Мне кажется, я уже видела всё в нашей стране.

   9. Мы не поехали на отдых, потому что **наш рейс отменили / мы опоздали**. Самолёт не мог лететь из-за плохой погоды.

   10. Мы бы хотели **пожаловаться / осмотреть достопримечательности**. Что вы посоветуете?

3. Complete the texts with the words from the boxes. Check your work with the translation.

Тихий отдых

наслаждаться туроператора ухожу бронировать отдых

В понедельник я 1)_____ в отпуск. Наконец-то! Этот год был очень напряжённым, и мне определённо нужен 2)_____.

А ещё я очень рад, что мне не нужно выбирать 3)_____ или

4)_____ билеты. Почему? Потому что я еду отдыхать в лес. У меня есть маленький домик у реки. Я буду ловить рыбу, собирать грибы и просто

5)_____ тишиной.

Quiet rest

On Monday, I go on vacation. Finally! It's been a stressful year and I definitely need some rest. What also makes me happy is that I don't have to choose a tour operator or book tickets. Why? Because I'm going to rest in the forest. I have a small cabin by the river. I will be fishing, picking mushrooms, and just enjoying the silence.

Чемоданы

ручную кладь собираем косметички экстремальное необходимое

Мы с женой едем на море. Наша комната в полном беспорядке, потому что мы

1)_____ чемоданы. Мне всегда сложно понять, зачем нам так много вещей. Я беру только всё 2)_____, она тоже.

Всё, что мне нужно, практически помещается в 3)_____, но

для её 4)_____ нужен отдельный чемодан! Мы едем в страну с жарким климатом и берём с собой четыре чемодана. Интересно, сколько бы мы взяли

чемоданов, если бы запланировали что-нибудь 5)_____ типа Сибири или Антарктиды?

Suitcases

My wife and I are going to the seaside. Our room is a mess because we're packing suitcases. It's always hard for me to understand why we need so many things. I take only the essentials and so does she. All I need fits in the hand luggage, but we need a separate suitcase for her wash bag! We're going to a country with a warm climate and we're taking four suitcases. I wonder how many suitcases we would take if we planned something more extreme, like Siberia or Antarctica?

4. Choose the correct verb of movement. The choice is between unidirectional, one-time movements and multidirectional, habitual, repeated movements.

    1. В такую жару можно только **плыть / плавать** и загорать, но точно не работать!

        In such heat one can only swim and sunbathe, but certainly not work!

    2. Маршрут нашего круиза "Испания – США". Мы **будем плавать / будем плыть** несколько недель.

        The route of our cruise is "Spain — USA". We'll be sailing for a few weeks.

    3. Моя тётя – учительница. Она всегда **несёт / носит** с собой на работу кучу книг и тетрадей.

        My aunt is a teacher. She always carries a pile of textbooks and exercise books to work with her.

    4. К сожалению, мы никуда не **летим / летаем**. Наш рейс отменён.

        Unfortunately, we're not flying anywhere. Our flight has been canceled.

    5. Моя бабушка **возит / везёт** сувениры из каждой поездки. Она много путешествует, и её дом уже похож на музей.

        My grandma brings souvenirs from every trip. She travels a lot, and her house already looks like a museum.

    6. Мой отель находится на первой береговой линии, но я боюсь акул и не **иду / хожу** на пляж. Я плаваю в бассейне.

        My hotel is on the waterfront but I'm afraid of sharks and don't go to the beach. I swim in the pool.

7. Посмотрите, официант **несёт** / **носит** торт! Наверное, у кого-то день рождения.

   Look, the waiter is carrying a cake! It must be someone's birthday.

8. Я не собираюсь **ездить** / **ехать** на поезде так далеко! Я лучше останусь дома.

   I'm not going to go that far by train! I'd rather stay home.

9. Андрей, куда ты **бегаешь** / **бежишь**? Ты что, опаздываешь на самолёт?

   Andrey, where are you running? Are you going to be late for the plane or what?

10. После обеда мы **идём** / **ходим** по местным магазинам. Ты с нами?

    After lunch, we'll go to the local shops. Will you come with us?

11. Осенью дедушка **ведёт** / **водит** нас в лес собирать грибы. Это наша традиция.

    In the fall, Grandpa takes us to the forest to pick mushrooms. It's our tradition.

12. Ты **бегаешь** / **бежишь** по утрам даже в отпуске? Я завидую твоей мотивации!

    Do you jog in the morning even when you're on vacation? I envy your motivation!

13. Дорогие гости, сейчас я **буду вести** / **буду водить** вас по тропе, которую очень любил Пушкин.

    Dear guests, now I'm going to take you along the path that Pushkin liked a lot.

14. Наши соседи **ездят** / **едут** в путешествия три-четыре раз в год. Интересно, они вообще работают?

    Our neighbors travel three or four times a year. I wonder if they work at all.

15. Дети, звонит папа. Он **везёт** / **возит** вам подарки из командировки!

    Kids, Dad is calling. He's bringing you gifts from his business trip.

16. Моя мама боится **лететь** / **летать**, поэтому мы всегда путешествуем на машине или на поезде.

    My mom is afraid of flying, so we always travel by car or train.

5. Choose the correct grammatical form of the verb of movement.

   1. **Завтра я_____на Канары. Даже не верится!**

      I'm flying to the Canary Islands tomorrow. I can't believe it!

      A. летаю   B. лечу   C. лету

   2. **Куда все_____? Как будто пожар или наводнение!**

      Where is everyone running? As if there is a fire or a flood!

      A. бегут   B. бежим   C. бегу

   3. **Я видела странного мужчину в чёрном. Он_____большую сумку и явно спешил куда-то.**

      I saw a strange man in black. He was carrying a large bag and was definitely in a hurry.

      A. носил   B. несла   C. нёс

   4. **Я никогда не_____семью в путешествия зимой. Мы не любим холод.**

      I never take my family on trips in the winter. We don't like the cold.

      A. веду   B. вожу   C. вёл

   5. **Я редко_____в гости к друзьям. Мне больше нравится, когда они приходят ко мне.**

      I rarely visit my friends. I like it more when they come to my place.

      A. хожу   B. ходит   C. ходим

   6. **Вчера ты_____со мной по одной улице и даже меня не заметил. Что-то случилось?**

      Yesterday, you walked down the same street as me and didn't even notice me. Did something happen?

      A. шёл   B. ходил   C. шли

7. Вы_____, потому что опаздываете или вы занимаетесь спортом?

   Are you running because you're late or are you exercising?

   A. бегаете **B.** бегут **C.** бежите

8. В детстве папа_____нас к морю. Мы обожали это время!

   In our childhood, Dad used to take us to the sea. We loved that time!

   A. возил **B.** возили **C.** вёз

9. Через два дня они_____в тур выходного дня. Это короткий отдых, но это лучше, чем просто сидеть дома.

   In two days, they'll take a city break. It's a short break, but it's better than just staying home.

   A. ездят **B.** едут **C.** едите

10. После обеда она_____осматривать достопримечательности.

    After lunch, she's going to go sightseeing.

    A. ходит **B.** идут **C.** идёт

6. Match the verbs of movement with their forms, which are built using prefixes. Then match the verbs in the right column with the images.

[____] 1. плыть	A. убегать
[____] 2. идти	B. унести
[____] 3. бегать	C. перелететь
[____] 4. лететь	D. выехать
[____] 5. нести	E. привезти
[____] 6. ехать	F. приплыть
[____] 7. везти	G. довести
[____] 8. вести	H. обойти

a.

d.

g.

b.

e.

h.

c.

f.

7. Choose the verb with the correct prefix. The sentences are translated for your better understanding, but challenge yourself and first make a choice without looking at the translation.

1. Он **дошёл** / **ушёл** до двери, а потом вернулся, чтобы взять ключи.

    He came to the door and then came back to take the keys.

2. Он **дошёл** / **ушёл** рано утром, но вернулся домой тоже раньше обычного.

    He left early in the morning, but also came back home earlier than usual.

3. Когда ты **прилетаешь** / **вылетаешь**? Я хочу встретить тебя в аэропорту.

    When do you arrive? I'd like to meet you at the airport.

4. Наш самолёт **прилетает** / **вылетает** только через три часа. У нас ещё много времени.

    Our plane takes off only in three hours. We've got plenty of time.

5. Корабль **подплыл** / **уплыл** к берегу.

    The ship sailed to the shore.

6. Она **отошла** / **подошла** от окна и решила прогуляться.

    She moved away from the window and decided to go for a walk.

7. Я плохо плаваю и не смогу **доплыть** / **переплыть** через это озеро.

    I am a bad swimmer and won't be able to swim across this lake.

8. Он **вышел** / **ушёл** из машины и помахал нам на прощанье.

    He got out of the car and waved goodbye.

9. Она **отошла** / **подошла** к окну и задёрнула шторы.

    She came to the window and drew the curtains.

10. Мы немного **пробежали** / **добежали**, а потом просто гуляли.

    We ran for a while and then just took a walk.

11. Птица **улетела** / **подлетела** прямо ко мне и села мне на плечо.

    The bird flew to me and sat on my shoulder.

12. **Отойдите** / **подойдите** от меня, пожалуйста. Очередь не будет двигаться быстрее, даже если вы будете стоять так близко.

    Please step back from me. The queue won't move any faster even if you stand that close.

8. Choose between the verb of movement with the prefix "по" and the verb of movement with some other prefix.

   1. После посещения музея гид ещё немного **поводил** / **уводил** нас по городу, а потом экскурсия закончилась.

      After visiting the museum, the guide took us around the city for a little bit more time and then the excursion was over.

   2. **Уводите** / **поводите** детей отсюда! Смотрите, какие огромные волны!

      Take the kids away from here! Look how huge the waves are!

   3. Ивановы **придут** / **пойдут** к нам в пятницу вечером. Что приготовим?

      The Ivanovs will come to our place on Friday night. What should we cook?

   4. Давай **придём** / **пойдём** завтра к Ивановым. Они давно зовут нас.

      Let's visit the Ivanovs tomorrow. They've invited us many times.

   5. У меня каникулы, а у родителей отпуск, и завтра мы **полетим** / **прилетим** за границу.

      I'm on holidays, my parents are on vacation, and tomorrow we're flying abroad.

   6. Бабуля, мы **полетим** / **прилетим** домой очень поздно. Ложись спать, мы позвоним тебе утром.

      Grandma, we'll arrive home very late. Go to bed, we'll call you in the morning.

   7. Малыш устал, и папа **понёс** / **унёс** его на руках.

      The baby got tired and his father carried him.

8. Я ещё не закончила, а официант уже **понёс / унёс** мою тарелку!

I haven't finished yet, but the waiter has already taken my plate away!

9. Below, you can see a conversation with the wrong order of lines. First, choose the correct verbs of movement, then restore the correct order. Check your work with the help of the recording and the English translation.

Conversation I

[____] 1 - A: Как раз наоборот! Я **похожу / пойду** по ночному городу!

[____] 2 - A: Здравствуйте. Я бы хотела забронировать билет на самолёт.

[____] 3 - A: А есть более поздний рейс. В аэропорт нужно **приезжать / уезжать** заранее, а я живу далеко от аэропорта. Мне придётся рано встать.

[____] 4 - A: В Москву.

[____] 5 - A: У меня отпуск с понедельника и я хотела бы приехать в Москву во вторник.

[____] 6 - B: Здравствуйте. Куда вы хотите **полететь / полетать**?

[____] 7 - B: Хорошо. Когда вы хотите быть в Москве?

[____] 8 - B: Отлично. Тогда вам лучше всего подходит рейс на 12.00 в понедельник.

[____] 9 - B: Да, есть более поздний рейс, но вы **прилетите / долетите** до Москвы только к ночи. Мне кажется, это не очень удобно.

A: Hello! I'd like to book a plane ticket.

B: Hello! Where would you like to go?

A: To Moscow.

B: Okay. When would you like to be in Moscow?

A: My vacation starts on Monday and I would like to arrive in Moscow on Tuesday.

B: Great! Then the Monday flight at noon is the best for you.

A: And is there a later flight? One has to get to the airport early and I live far from the airport. I will have to get up early.

B: Yes, there is a later flight, but you will arrive in Moscow only at night. It seems to me that this is not very convenient.

A: On the contrary! I will walk around the night city!

Conversation II

[___] 1 - A: О Боже! Это катастрофа! Она точно **уйдёт / уходит** от меня, если я не найду торт и цветы!

[___] 2 - B: Я вас понял. Как насчёт шампанского и лобстера?

[___] 3 - A: Не могли бы вы **принести / унести** в мой номер торт и цветы.

[___] 4 - B: Кто? О чём вы говорите?

[___] 5 - A: Моя девушка! Сегодня годовщина нашего знакомства. Она **пошла / вышла** в душ и сказала, что когда **зайдёт / выйдет**, то хочет увидеть мой подарок.

[___] 6 - B: И в чём дело? Подготовьте свой подарок и ждите.

[___] 7 - B: Да, что вы хотели?

[___] 8 - B: Я бы с удовольствием, но у нас нет ни тортов, ни цветов. Может быть, вам подойдут кексы?

[___] 9 - A: Но я забыл, что у нас годовщина! Я только теперь понял, почему она так хотела **полететь / улететь** в Египет именно на этой неделе.

[___] 10 - A: Да, **отнесите / принесите** их, пожалуйста. И как можно скорее, прошу вас! На кону моя жизнь!

[___] 11 - A: Здравствуйте! Это обслуживание номеров?

A: Hello! Room service?

B: Yes, what would you like?

A: Could you bring a cake and flowers to my room?

B: I'd love to, but we don't have any cakes or flowers. Maybe some muffins will do?

A: Oh, boy! It's a disaster! She'll leave me for sure if I don't find a cake and flowers!

B: Who? What are you talking about?

A: My girlfriend! Today is the anniversary of the day we met. She went to the shower and said that when she comes out, she wants to see my gift.

B: So what's the problem? Prepare your gift and wait.

A: But I forgot that it's our anniversary! It's only now that I realized why she wanted to fly to Egypt this very week!

B: I got you. What about champagne and lobster?

A: Yes, please, bring them. As soon as possible, I beg you! My life is at stake!

10. Complete the sentences using the correct tense of the verbs in brackets. First, choose the correct verb.

    1. В детстве, папа говорил нам, что из фотоаппарата всегда (**вылетать / залетать**) птичка.

       _____

    2. Вчера мне (**принести / приносить**) очень вкусные конфеты. Хочешь попробовать?

       _____

    3. Я немного устала от гостей. Как хорошо, что завтра они (**уезжать / уехать**).

       _____

    4. Дети, когда мы (**переходить / отходить**) через дорогу, мы смотрим сначала налево, а потом направо.

       _____

    5. На прошлой неделе какой-то странный человек (**обойти / обходить**) вокруг нашего дома несколько раз, а потом просто (**прийти / уйти**).

       _____

    6. Извини, я опаздываю! Я только сейчас (**выходить / подходить**) из дома.

       _____

    7. Потрогай, какая тёплая вода. Давай немного (**поплыть / поплавать**).

       _____

    8. Я (**водить / возить**) людей на экскурсии по историческим местам.

       _____

11. Listen to a series of small, connected conversations. Fill in the missing words, check your work, and role-play the conversations.

Conversation I

Объявление: Уважаемые пассажиры, к сожалению рейс номер сто двадцать пять до Санкт-Петербурга **1)**_____.

Даша: О, нет! Дима, ты слышал! Теперь мы не успеем на юбилей к дедушке!

Дима: Я говорил тебе, что нужно было лететь позавчера!

Даша: Я не виновата! **2)**_____ на позавчера просто не было!

Дима: Конечно! Потому что ты не забронировала их **3)**_____!

Даша: Ах, теперь это моя вина? А кто **4)**_____ в этот аэропорт две недели назад и почему-то не купил билеты! Ты как раз **5)**_____ мимо кассы!

Дима: У них сломался терминал! Я не мог **6)**_____ картой, а наличных у меня не было. Я тоже не виноват!

Объявление: Уважаемые пассажиры, рейс сто двадцать пять до Санкт-Петербурга не отменяется, но откладывается на три часа. Приносим извинения за неудобства!

Announcement: Dear passengers, we're sorry to inform you but flight number one hundred and twenty-five to Saint Petersburg has been canceled.

Dasha: Oh, no! Dima, did you hear it? Now we won't make to Grandpa's anniversary party!

Dima: I told you it would be better for us to fly the day before yesterday!

Dasha: It's not my fault! They just didn't have tickets for the day before yesterday!

Dima: Of course! It's because you didn't book them in advance!

Dasha: Oh, now it's me to blame! Wasn't it you who came to this very airport two weeks ago and for some reason didn't buy the tickets? You passed by the booking office!

Dima: Their credit card scanner was broken! I couldn't pay by card and I didn't have any cash with me. It's not my fault either!

Announcement: Dear passengers, flight number one hundred and twenty-five to Saint Petersburg will not be canceled, but it will be delayed for three hours. Sorry for the inconvenience!

Conversation II
(в самолёте)

Даша: Мы всё равно 1)_____, Дима. Юбилей начинается в 5 часов, а наш рейс прибывает в 4.30.

Дима: Не вижу проблем. Мы 2)_____ такси. Обычно я 3)_____ от дедушкиного дома до аэропорта за пятнадцать минут, а на машине мы точно успеем.

Даша: Не верю, что говорю это, но возможно ты прав. Ты сдавал чемоданы в 4)_____?

Дима: Нет, у меня только ручная 5)_____.

Даша: У меня тоже! Значит, мы сэкономим время! Правда, мы не успеем переодеться.

Дима: Это уже не так важно! Хочешь посмотреть, какой подарок я 6)_____ дедушке из отпуска?

(on the plane)

Dasha: We're still going to be late, Dima! The anniversary party starts at 5 p.m. and our flight arrives at 4.30.

Dima: I don't see any problem with that. We'll take a taxi. It usually takes me fifteen minutes to walk from the airport to Grandpa's house, and we'll surely make it by car.

Dasha: I can't believe I'm saying this, but maybe you're right. Did you register your luggage?

Dima: No, I only have hand luggage!

Dasha: Me too! It means we'll save time. We just won't have time to change our clothes.

Dima: It's not that important! Do you want to see what gift I brought for Grandpa from my vacation?

Conversation III
(в такси)

Даша: Твоя идея с бумажником просто замечательная! А почему ты не спросил, какой подарок я приготовила для дедушки?

Дима: Извини, что ты там 1)_____ в сумке?

Даша: У нас ещё есть немного времени, пока такси 2)_____ к дедушкиному дому. Смотри!

Дима: Ого какой огромный фотоальбом!

Даша: Да, я собрала все фотографии, где есть мы и дедушка!

Дима: О, смотри, это мы на рыбалке!

Даша: Да, дедушка часто 3)_____ нас на озеро! Но мне больше нравилось 4)_____, чем рыбачить.

Дима: А есть фотографии где мы с ним пробуем переплыть 5)_____ это озеро?

Даша: Конечно! Ты тогда 6)_____ первым, но мне кажется, дедушка просто поддался.

Дима: Вот давай у него и спросим. Клади альбом в сумку! Мы приехали как раз вовремя!

(in a taxi)

Даша: Your idea with the wallet is just great! And why didn't you ask me what gift I had prepared for Grandpa?

Дима: Sorry, what do you have in your bag?

Даша: We still have some time before the taxi drives up to Grandpa's house. Watch!

Дима: Wow, what a big photo album!

Даша: Yeah, I collected all the photos with us and Grandpa in them.

Дима: Oh, look, it's us fishing!

Даша: Yeah, Grandpa used to take us to the lake quite often! But I liked sunbathing more than fishing.

Дима: Do you have the photos where we're trying to swim across that lake?

Даша: Of course! You were the first to swim to the shore, but I think that Grandpa just gave in.

Дима: Well, let's ask him. Put the album in the bag! We've arrived, and just in time!

5
LOOKING FOR A JOB

МОЯ ПОДГОТОВКА К СОБЕСЕДОВАНИЮ
ME GETTING READY FOR AN INTERVIEW

Меня зовут Макар, и я недавно **окончил университет**. **По образованию** я юрист. Сейчас ищу работу. Я **просмотрел кучу объявлений** на различных сайтах и **подал несколько заявлений**. Должен признаться, **искать работу** не просто.

My name is Makar and I recently **graduated from a university**. I'm a lawyer **by education**. Now I'm looking for a job. I've **looked through a bunch of ads** on various websites and **sent a few applications**. I must admit that it's not easy to **find a job**.

Все хотят **нанять работника с опытом**, но желательно, чтобы этот работник был молодой. Все хотят работника с престижным образованием, но мало кто готов **поднять зарплату**, если ты действительно **выпускник** хорошего университета.

Everyone wants **to hire an employee with experience** but they prefer that employee to be young. Everyone wants an employee with a prestigious education but very few are willing **to raise the salary** if you're really **a graduate** of a good university.

Как бы там ни было, у меня уже запланировано несколько **собеседований**: два онлайн и одно вживую. Я подготовил **список своих достоинств и недостатков**, а также небольшое портфолио. На последнем курсе я работал в одной фирме, и у меня даже есть **рекомендательное письмо** от начальника. Надеюсь, это поможет!

Anyway, I already have a few **job interviews** scheduled: two online and one live. I've prepared **a list of my strengths and weaknesses** as well as a small portfolio. I worked at a law firm during my senior year, and I even have a **reference** from my boss. Hope this helps!

JOB AD VOCABULARY LIST

объявление о работе	job ad
вакансия	vacancy
должность описание должности	position description of a position
сотрудник	employee
откликнуться на вакансию	to apply for a job
высокие / завышенные требования	high / too high requirements
(входить в) рабочие обязанности	(to be included into) job responsibilities
социальные привилегии	social benefits
зарплата пересмотр зарплаты	salary salary revision
премия	bonus
возможности карьерного роста	career growth opportunities
оплачиваемый отпуск / больничный	paid vacation / sick leave
пятидневная рабочая неделя	five-day working week
дружный коллектив	friendly team
обязанности	responsibilities, duties
умение справляться с рабочей нагрузкой / стрессом	ability to cope with the workload / stress
пунктуальность	punctuality
внимание к деталям	attention to detail
быстрая обучаемость	ability to learn quickly

AT A JOB INTERVIEW VOCABULARY LIST

собеседование	job interview
договориться о собеседовании	to arrange a job interview
подготовиться к собеседованию	to get ready for a job interview
должность	position
онлайн / вживую	online / live (interview)
слабые / сильные стороны	strengths / weaknesses
портфолио	portfolio
резюме	résumé, CV
отзыв от	testimonial from
рекомендации	references
держаться (не)уверенно	to be (un)confident
обсуждать условия / зарплату	to negotiate conditions / salary
получить отказ	to get a refusal
успешно пройти собеседование	to pass the interview successfully
подписать контракт / договор	to sign a contract / agreement

COMMON CONVERSATIONAL PHRASES

QUESTIONS FROM THE EMPLOYER – ВОПРОСЫ РАБОТОДАТЕЛЯ	
Расскажите немного о себе / о своём предыдущем месте работы.	Tell us a bit about you / your previous place of employment.
Почему вы обратили внимание на нашу вакансию?	What caught your eye about our position?
Назовите ваши слабые / сильные стороны.	List your weaknesses / strengths.
Вы согласны выполнить небольшое тестовое задание?	Would you be willing to complete a small test task?
У вас есть отзывы / рекомендации?	Do you have any testimonials / references?

QUESTIONS FROM THE EMPLOYEE – ВОПРОСЫ СОТРУДНИКА	
Почему вы ищете кандидата на эту должность? Мой предшественник не справился с работой или его повысили?	Why are you looking for a candidate for this position? Did the previous employee fail to do their job or was he / she promoted?
Какие социальные гарантии вы предлагаете? Например, вы предлагаете медицинскую страховку?	What social benefits do you offer? For example, do you provide medical insurance?
В случае успеха, когда я буду должен (должна) приступить к работе?	If I'm hired, when will I start working?
Я смогу работать удалённо или вам важно, чтобы человек работал в офисе?	Will I be able to work remotely or is it important for you that the person works in the office?
У меня будет обеденный перерыв?	Will I get a lunch break?
Какие у меня будут возможности карьерного роста?	What opportunities for career growth will I have?
Вы пересматриваете зарплату с течением времени?	Do you review the salary after some time?

THE PARTICIPLE

The participle is a special form of the verb that combines the grammatical properties of the verb (aspect, tense, and voice) and the adjective (number, gender, and case). It is used to describe a quality or characteristic that depends on or is related to an action.

бегущие дети – **running** kids

раздражающие звуки – **irritating** sounds

вымытая посуда – **washed** dishes

Participles can be present active, present passive, past active, and past passive. For each group, there are separate rules of formation and declension. Let's go through them step by step.

PRESENT ACTIVE PARTICIPLE – АКТИВНОЕ ПРИЧАСТИЕ НАСТОЯЩЕГО ВРЕМЕНИ

Meaning: description of an action in progress.

Formation:

1. Take the imperfective form of the verb.
2. Create its third person plural form in the present tense (они – they).
3. Remove the last letter, which is "т".
4. Add the corresponding endings:

    -щий for masculine

    -щая for feminine

    -щее for neutral

    -щие for plural

Example:

гулять – walk

гуляющий – walking

гуляют – гуляю – гуляющий мальчик, гуляющая девочка, гуляющее дитя, гуляющие дети.

Гуляющие по парку дети помогли мне отвлечься от моих мыслей. – The kids **walking** in the park helped me to distract myself from my thoughts.

Declension:

Present active participles are declined like adjectives ending in -г, -к, -х, and 'ш'. See the Grammar Appendix, page 159.

На сцене я видел прекрасную **поющую** девушку. – I saw a wonderful **singing** girl on the stage.

PRESENT PASSIVE PARTICIPLE – СТРАДАТЕЛЬНОЕ ПРИЧАСТИЕ НАСТОЯЩЕГО ВРЕМЕНИ

Meaning: refers to an action that is performed on an object at the moment of speech or repeatedly, habitually.

Интервью, **проводимое** онлайн, кажется мне менее продуктивным, чем личная встреча. – An interview **that is conducted** online seems to me less productive than a personal meeting.

Formation:

1. Take the imperfective form of the verb.
2. Create its first person plural form in the present tense (мы – we).
3. Add the corresponding endings

   -ый for masculine
   -ая for feminine
   -ое for neutral
   -ые for plural

Example:

предлагать – offer

предлагаемые – being offered

предлагать – предлагаем – предлагаемый контракт, предлагаемая работа, предлагаемое место, предлагаемые условия.

An offered contract, job, position, conditions.

Ни одна **предлагаемая** работа мне не подошла. – None of the jobs I was **offered** suited me.

Exceptions:

1. **Verbs ending in -давать, -знавать, -ставать. With them, you just drop the "ть" of the infinitive and add the needed endings.**

   задавать вопрос – задаваемый вопрос

   ask a question – a question being asked

   Вопросы, задаваемые нами на собеседовании, как правило, не сложные.

   The questions that we usually ask at the job interview are not difficult as a rule.

2. **Four participles with the suffix -ом:**

   вести – ведомый – lead – being led

   нести – несомый – carry – being carried

   искать – искомый – search – being searched

   влечь – влекомый – attract – being attracted

Declension: Present active participles are declined like adjectives ending in -г, -к, -х, and 'ш'. See the Grammar Appendix, page 159.

На собеседовании я не удивляюсь **задаваемым вопросам**. – At a job interview, I'm not surprised by **the questions being asked**.

Note that present passive participles have short forms that are created like those of adjectives. See the rules on page 159.

Андрей, главное, что ты **любим** твоей семьёй, а карьера не так важна! – Andrey, the main thing is that you **are loved** by your family; your career is not that important.

PAST ACTIVE PARTICIPLE – АКТИВНОЕ ПРИЧАСТИЕ ПРОШЕДШЕГО ВРЕМЕНИ

Meaning: refers to the action that the subject has performed.

Мой друг, **нашедший** работу, просто счастлив! – My friend **who has found** a job is just happy!

Formation:

1. Take the perfective verb.
2. Create its past tense form in any person and number.
3. Remove the endings and suffixes, leaving only the stem.
4. Add the corresponding endings:

    -вший – for masculine

    -вшая – for feminine

    -вшее – for neutral

    -вшие – for plural

Example:

начать – start

начавший – who started

начать – начал – начавший, начавшая, начавшее, начавшие.

Мой коллега, **начавший** спор с начальником, был уволен. – My colleague, **who started** an argument with our boss, was fired.

Declension: Present active participles are declined like adjectives ending in -г, -к, -х, and 'ш'. See the Grammar Appendix, page 159.

 Note that sometimes past active participles can be formed from imperfective verbs. In this case, they refer to the action the subject was doing, i.e., the action was in progress.

Начальник, уже **начинавший** злиться, всё-таки взял себя в руки и заговорил спокойно. – The boss, who **was already starting** to get angry, pulled himself together and began talking calmly.

PAST PASSIVE PARTICIPLE – СТРАДАТЕЛЬНОЕ ПРИЧАСТИЕ ПРОШЕДШЕГО ВРЕМЕНИ

Meaning: refers to an action that was performed on an object.

Работа, найденная мной на этом сайте, оказалась низкооплачиваемой. – The job I found on this website turned out to be a low-paying one.

Formation:

- Take the perfective infinitive.
- Remove the past tense ending and add the ending you need.
- The ending depends on what the infinitive ends in.

a. Verbs ending in -ать:

Remove **-л, -ла, -ло, -ли** and add **-нный -нная, -нное, -нные** for masculine, feminine, neutral, and plural, respectively.

прочитать книгу – прочитал книгу – прочитанная книга	to read a book – read a book – a book read, a book that was read

To create the short form:

For masculine, remove **-ный**

прочитанный – прочитан

For feminine, neutral, and plural remove one **н** and **я**, **е**, respectively

прочитанная – прочитана

прочитанное – прочитано

прочитанные – прочитаны

b. Verbs ending in -ить

Remove **-ил, ила, ило, или** and add the ending **-енный, -енная, -енное, -енные** for masculine, feminine, neutral, and plural, respectively.

украсить дом – она украсила дом – украшенный дом	to decorate a house – she decorated a house – a decorated house, a house that was decorated

The rules for creating short forms are the same as for verbs ending in -ать

украшенный – украшен

украшенная – украшена

украшенное – украшено

украшенные – украшены

c. Verbs whose past tense doesn't have "л" in the ending

Add **-ённый, -ённая, -ённое, -ённые** to the past form for masculine, feminine, neutral, and plural, respectively.

принести подарок – он принёс подарок – принесённый подарок	to bring a gift – he brought a gift – a gift brought, a gift that was brought

The rules for creating short forms are the same as for verbs ending in -ать

принесённый – принесён

принесённая – принесена

принесённое – принесено

принесённые – принесены

d. Verbs ending -уть, -оть, -ыть, -ереть

Remove **-л, -ла, -ло, -ли** and add endings **-тый, -тая, -тое, -тые** for masculine, feminine, neutral, and plural, respectively.

помыть посуду – мы помыли посуду – помытая посуда

wash the dishes – we washed the dishes – the washed dishes, the dishes that were washed

To create the short form:

For masculine, remove the ending

помытый – помыт

For feminine, neutral, plural, remove **я**, **е**, respectively.

помытая – помыта
помытое – помыто
помытые – помыты

THE PLACE OF PARTICIPLES IN THE SENTENCE

As you can see from the examples above, Russian participles can either precede or follow the nouns they are related to.

Заданный вопрос показался мне неуместным. – The question **asked** seemed inappropriate to me.

In the above example, the participle precedes the noun and is also translated into English with the help of a participle.

Вопрос, **заданный** на собеседовании, показался мне неуместным. – The question **that I was asked** at the job interview, seemed inappropriate to me.

In this example, the participle follows the noun and is translated into English using a passive voice construction. In such cases, an important punctuation rule should be considered — the participle and the words related to it must be separated from the rest of the sentence with a comma.

The pattern when the participle follows a noun is more common and makes it easier to add some details to the description of the noun the participle is related to. For instance, in the first example all we learn about the question is that it was asked, while in the second example we also learn that it was asked during the job interview. Adding more details is also possible when the participle precedes the noun, but such constructions are more typical of formal speech.

Заданные на собеседовании вопросы показались мне неуместными. – **The questions asked at the job interview** seemed inappropriate to me.

EXERCISES

1. Match the columns to form word combinations, then match them with the images below and write down the words.

[____] 1. возможность	**A.** условия
[____] 2. подготовиться	**B.** карьерного роста
[____] 3. обсудить	**C.** на вакансию
[____] 4. искать	**D.** договор
[____] 5. откликнуться	**E.** к деталям
[____] 6. подписать	**F.** к собеседованию
[____] 7. оплачиваемый	**G.** больничный
[____] 8. внимание	**H.** работу

a.

d.

g.

b.

e.

h.

c.

f.

2. Match the sentences that have the same meaning. The difference is in the grammatical constructions: the first list has a verb, the other one has the corresponding participle.

[____] 1. Необходимость работать без выходных просто пугает меня.
The need to work without days off just scares me.

[____] 2. На работе мы пользуемся оборудованием, которое было произведено в Германии.
At work we use the equipment made in Germany.

[____] 3. Обычно я хожу обедать в буфет, но сегодня буду есть обед, который приготовила дома.
I usually go to the canteen for lunch, but today I will eat the lunch I cooked at home.

[____] 4. Парень, который сейчас болтает с коллегой, очень часто отвлекается от своих обязанностей.
The guy who is now chatting with his colleague is very often distracted from his duties.

[____] 5. Вон тот мужчина, который широко улыбается, — это мой начальник.
That guy over there smiling widely is my boss.

[____] 6. Вопрос о прошлом опыте, который мне задали на собеседовании, помог мне рассказать о моих сильных сторонах.
The question about my previous experience that I was asked during the job interview, helped me tell about my strengths.

[____] 7. Страховка, которую мне предлагают на этой работе, хуже, чем та, что у меня есть сейчас.
The insurance that they will offer me at the new job is worse than the one I have now.

[____] 8. Опыт, который я получил на этой должности, просто бесценен.
The experience I gained in this position is just priceless.

A. Обычно я хожу обедать в буфет, но сегодня я буду есть обед, приготовленный дома.

B. Парень, болтающий сейчас с коллегой, очень часто отвлекается от своих обязанностей.

C. Вон тот широко улыбающийся мужчина – это мой начальник.

D. Вопрос о прошлом опыте, заданный мне на собеседовании, помог мне рассказать о моих сильных сторонах.

E. Необходимость работать без выходных пугающая.

F. Страховка, предлагаемая мне на этой работе, хуже, чем та, что у меня есть сейчас.

G. Опыт, полученный мной на этой должности, просто бесценен.

H. На работе мы пользуемся оборудованием, произведённым в Германии.

3. Choose the right word according to the context.

   1. Ура, я наконец-то **договорился / подготовился** о собеседовании!

   2. Внимание к деталям – это моя **сильная / слабая** сторона.

   3. У меня есть **рекомендательное письмо / резюме** от моего бывшего начальника.

   4. Собеседование пройдёт **онлайн / вживую**, поэтому мне даже не нужно будет выходить из дома.

   5. В этой компании хорошие **социальные привилегии / зарплата**. Например, медицинская страховка и оплачиваемый больничный.

   6. К сожалению, после собеседования я получила **премию / отказ**.

   7. При обсуждении зарплаты она держалась очень **уверенно / неуверенно**, и начальник согласился платить ей больше.

   8. На прошлой работе у меня был очень дружный **коллектив / резюме**.

4. Complete the texts with the correct words from the boxes. Challenge yourself and don't consult the translation until you have completed the exercise.

Работа мечты

> социальных   опытом   удалённой   объявление   зарплаты
> откликнуться   возможности   должности

Вчера Маша увидела 1)_____, которое привлекло её внимание.

IT-компания ищет разработчика с большим 2)_____ работы в области видеоигр. Прошлая работа Маши как раз была связана с этим!

Она проработала на прошлой 3)_____ семь лет. Компания предлагает много 4)_____ привилегий, обещает ежегодный пересмотр 5)_____ и 6)_____ карьерного роста.

Маша была готова 7)_____ на вакансию, но тут она увидела, что компания находится в Москве, а Маша живёт в Смоленске. К сожалению, они не рассматривают вариант 8)_____ работы. Маша вздохнула и продолжила поиски.

A dream job

Yesterday, Masha saw an ad that caught her attention. An IT company is looking for a developer with extensive experience in the field of video games. Masha's previous job was related to it. She had worked in her previous position for seven years. The company offers a lot of social benefits, promises annual salary review and career growth opportunities. Masha was ready to apply for the job, but then she saw that the company is located in Moscow, while Masha lives in Smolensk. Unfortunately, they don't consider remote work as an option. Masha sighed and continued searching.

Пора искать новую работу

> завышенные работник входят обучаемость пятидневная премию вакансии подписать

Влад – школьный психолог, и ему нравится его работа, но он хочет найти новое место.

Завтра директор придёт к нему, чтобы 1)_____ контракт ещё на один год, но скорее всего он откажется. Он знает, что он очень хороший

2)_____, но никто этого не ценит. Он делает кучу вещей,

которые не 3)_____ в его рабочие обязанности. Например, у Влада

4)_____ рабочая неделя, но дети часто звонят ему по выходным.

Влад никогда не получает за это 5)_____ или хотя бы похвалу от директора школы. Влад понимает, что многие дети ценят его помощь, но

6)_____ требования не дают ему получать удовольствие от

работы. Влад решил, что поищет 7)_____ в частных школах.

Может быть, там всё будет по-другому, но быстрая 8)_____ всегда была его сильной стороной. Он справится!

Time to look for a new job

Vlad is a physiologist at the school and he loves his job, but he wants to find a new position. Tomorrow, the director will come to him to sign the contract for next year, but he'll probably refuse. He knows that he's a very good worker, but no one appreciates it. He does a lot of things that are not his job responsibilities. For example, Vlad works a five-day week, but the kids often call him on weekends. Vlad never gets a bonus or at least some praise from the director for it. Vlad understands that many kids appreciate his help but the requirements are too high and don't allow him to enjoy his job. Vlad decided to look for vacancies at private schools. Maybe everything will be different there, but his ability to learn quickly has always been his strength. He'll make it!

5. Choose between the present and the past participle forms.

1. Саша, в папке, **лежащей** / **лежавшей** на столе, список кандидатов на должность менеджера.

   Sasha, the document case that is lying on the table has the list of candidates for the manager position.

2. Рекомендательное письмо, **получаемое** / **полученное** мной на прошлой должности, очень помогло мне на собеседовании.

   The reference I received at my previous position helped me a lot during the interview.

3. Резюме, **составленное** / **составляемое** мной год назад, уже не актуально.

   The CV I created a year ago is out of date.

4. Смотри, вон тот **бегущий** / **бежавший** парень – это мой коллега. Он вечно опаздывает.

   Look, that guy running is my colleague. He is always late.

5. Коллеги, мы ищем людей, хорошо **играющих** / **игравших** в футбол. У нас будет соревнование между отделами.

   Colleagues, we're looking for people who are good at playing football. We're going to have a competition between departments.

6. Социальные привилегии, **предлагаемые** / **предложенные** на этой работе, привлекают много претендентов.

   The social benefits offered in this job attract lots of applicants.

7. У моей коллеги бессонница. Я часто нахожу её **спавшей** / **спящей** на работе.

   My coworker has insomnia. I often find her sleeping at work.

8. Сегодня я хочу купить подарок для друга, **посоветовавшего** / **советующего** мне эту вакансию. Я получил работу.

   Today, I want to buy a gift for a friend who recommended this vacancy to me. I got the job!

6. Choose the correct grammatical form of the present and past participles.

   1. Ура, я наконец-то нашла_____заявление!
      Hooray, I finally found the lost application!

      A. потерянный   C. потерянная
      B. потерянное   D. потерянные

   2. Я прочитал условия страховки,_____на новой работе.
      I read the terms of the insurance provided at the new job.

      A. предложенную   C. предложенной
      B. предложенная   D. предложенное

   3. Куда ты положила_____книгу? Я тоже хочу её почитать.
      Where did you put the book you read? I want to read it too.

      A. прочитанная   C. прочитанный
      B. прочитанной   D. прочитанную

   4. Аня, где принтер,_____в прошлом месяце? Он просто куда-то испарился.
      Anya, where is the printer that was bought last month? It just disappeared.

      A. купленному   C. купленный
      B. купленного   D. купленного

   5. Посмотри на того медленно_____парня. Это Костя. Он опаздывает на работу и даже не спешит. Вот бы мне его спокойствие.
      Look at that guy walking slowly. It's Kostya. He's late for work and not even in a hurry. I wish I could be as calm as him.

      A. идущего   C. идущем
      B. идущему   D. идущее

   6. Я поняла, что ты врёшь, по твоему_____лицу.
      I understood you were lying from your face, which was turning red.

      A. краснеющего   C. краснеющему
      B. краснеющим   D. краснеющее

7. Мы можем работать без этой_____музыки? Выключите её, пожалуйста!
   Can we work without this annoying music? Turn it off, please!

   A. раздражающий　　　C. раздражающая
   B. раздражающую　　　D. раздражающей

8. Кто эта девушка,_____вчера в офисе? Это новый редактор? Наверное, у неё проблемы, и мы должны помочь.
   Who is the girl that was crying in the office yesterday? Is she the new editor? She must be having problems and we need to help her.

   A. плакавшей　　　C. плакавшую
   B. плакавшая　　　D. плакавшую

9. Парень,_____вчера на корпоративе, — это мой брат.
   The guy who was singing at the corporate party last night is my brother.

   A. певшего　　　C. певшим
   B. певшему　　　D. певший

10. Сотрудникам,_____из дома, сложно концентрироваться на работе, потому что их может отвлекать семья.
    Employees who work from home may find it hard to concentrate on work because they may be distracted by their families.

    A. работающие　　　C. работающих
    B. работающим　　　D. работающее

7. Transform the verbs in the left column into participles according to the instructions, and match them with the nouns to form Russian equivalents for the following:

   1. A dancing girl　　　_____
   2. Singing guys　　　_____
   3. The installed software　　　_____
   4. Conditions being discussed　　　_____
   5. The signed contract　　　_____

6. The offered job _____

7. A crying woman _____

8. The chosen candidate _____

[___] 1. танцевать (3rd person singular, present active participle)	A. программа
[___] 2. петь (3rd person plural, past active participle)	B. контракт
[___] 3. установить (3rd person singular, feminine, past passive participle)	C. работа
[___] 4. обсуждать (3rd person plural, present passive participle)	D. женщина
[___] 5. подписать (3rd person singular, masculine, past passive participle)	E. девушка
[___] 6. предложить (3rd person singular, feminine, past passive participle)	F. кандидат
[___] 7. плакать (3rd person singular, present active participle)	G. парни
[___] 8. выбрать (3rd person plural, past passive participle)	H. условия

8. Complete the sentences using the word combinations from Exercise 7. Remember to create the necessary case forms.

   1. Кто эти_____на сцене?
      С такими талантами мы точно выиграем в конкурсе между отделами!

   2. Я не вернусь домой без_____!
      Я обязательно получу эту работу!

   3. Ты видел раньше эту_____?
      Что, это Надя? Я не знал, что она так хорошо танцует!

4. Я спросил_____, что случилось, и она сказала, что только что была на ужасном собеседовании.

5. Коллеги, что вы думаете о_____?
Кто из них лучше всех подходит для этой должности?

6. К сожалению,_____не решила проблему. Компьютер всё равно работает медленно.

7. Я не согласен с_____. Такие условия просто несправедливые!

8. Я доволен_____! Я соглашусь без сомнений!

9. Match an interviewer's questions with a candidate's possible answers.

[____] 1. Что вы считаете наиболее важным в своей работе?	A. Да, мой бывший начальник оставил мне отличное рекомендательное письмо!
[____] 2. Вы можете немного рассказать о своём опыте?	B. Я хорошо умею справляться со стрессом и очень внимательна к деталям.
[____] 3. Назовите ваши сильные стороны, пожалуйста.	C. У меня есть релевантный опыт, и меня привлекло описание вашего дружного коллектива.
[____] 4. Назовите ваши слабые стороны, пожалуйста.	D. Если оно действительно небольшое, то да.
[____] 5. У вас есть отзывы о вашей работе?	E. Я бы сказала, что внимание к деталям – это самая важная часть моей работы.
[____] 6. Вы согласны выполнить небольшое тестовое задание?	F. Я заметила ваше объявление о работе в соцсетях.
[____] 7. Почему вы откликнулись на эту вакансию?	G. Да, конечно. Я окончила технологический университет и потом три года работала инженером.
[____] 8. Где вы нашли нашу вакансию?	H. Я не очень быстро обучаюсь чему-то новому.

10. Match a candidate's job interview questions with an interviewer's possible answers.

[___] 1. Какие социальные гарантии вы предлагаете?	A. К сожалению, нам нужно, чтобы вы работали в офисе.
[___] 2. Почему вы ищите человека на эту должность?	B. Мы предлагаем медицинскую страховку и оплачиваемый больничный.
[___] 3. Я могу работать удалённо?	C. Как можно скорее. Вы сможете начать работать на следующий день после подписания контракта.
[___] 4. Вы пересматриваете зарплату с течением времени?	D. Мы предлагаем двадцать восемь дней оплачиваемого отпуска.
[___] 5. Какие у меня будут возможности карьерного роста?	E. Мы повысили вашего предшественника, и нам нужен новый человек.
[___] 6. Какой отпуск вы предлагаете?	F. Да, обычно с часу до двух.
[___] 7. У меня будет обеденный перерыв?	G. Из вашей должности можно дорасти до главного менеджера.
[___] 8. В случае успеха, когда я буду должна приступить к работе?	H. Да, конечно. Мы обсуждаем повышение зарплаты каждые полгода.

11. Lena is looking for a job. She successfully passed three job interviews and now has to choose. Listen to the job descriptions, then mark the pros and cons of each company in the right column. Check your work by reading the descriptions and their translations below the table.

Pros

Job fact / Company names	WeDeliver	LogisticsPros	FromAtoB
дружелюбный начальник			
самая высокая зарплата			
самая хорошая страховка			
4-дневная рабочая неделя			
отпуск 35 дней			
недалеко от дома			
ежегодный пересмотр зарплаты			
светлый и просторный офис			

Cons

Job fact / Company names	WeDeliver	LogisticsPros	FromAtoB
низкая зарплата			
тесный офис			
короткий отпуск			
рабочая суббота			
далеко добираться			
грубый начальник			
нет страховки			
рабочий день начинается рано			
много угроз увольнения			

WeDeliver

Эта компания предлагает мне пятьдесят тысяч рублей в месяц. Это немного, на прошлой работе я получала больше. Однако они предлагают ежегодный пересмотр зарплаты и могут повысить её в зависимости от моих результатов. А ещё у них просто потрясающая страховка! Она включает даже услуги дантиста! С другой стороны, мне не нравится, что офис находится далеко от моего дома. Мне придётся добираться до работы около двух часов.

This company offers me fifty thousand rubles a month. It's not much; I had more at my previous job. However, they offer an annual salary review and can raise it depending on my results. Also, they have just an amazing health insurance! It even includes dental services! On the other hand, I don't like it that the office is far from my home. I will have to commute for about two hours.

LogisticsPros

На собеседовании я чувствовала себя очень уверенно. Начальник такой дружелюбный, он много шутил и охотно отвечал на мои вопросы. Мне также понравился офис – он большой и светлый. Всё это может создать очень приятную атмосферу, а атмосфера очень важна для меня. Я не могу работать в стрессе. С другой стороны, рабочий день будет начинаться в семь утра. Это очень рано! Да, офис недалеко от моего дома, но, чтобы быть там в семь, мне нужно будет вставать в пять утра. Да, я долго собираюсь. А ещё мне нужно будет работать по субботам. С одной стороны, это плохо, но с другой стороны у меня будет очень большая зарплата (сто двадцать тысяч рублей) и просто огромный отпуск – тридцать пять дней!

During the job interview, I felt very confident. The boss is so friendly; he joked a lot and was willing to answer my questions. I also like the office—it's big and bright. All these can create a pleasant atmosphere and atmosphere is very important for me. I can't work in a stressful environment. On the other hand, the working day will start at 7 a.m. It's very early! Yes, the office is not far from my home, but I will have to get up at 5 a.m. to be there at 7 a.m. Yeah, I need a lot of time to get ready. I'll also have to work on Saturdays. On the one hand, it's bad, but on the other hand, I'll have a very big salary (one hundred and twenty thousand rubles) and just a huge vacation—thirty-five days!

FromAtoB

На этом собеседовании я чувствовала себя просто ужасно. Начальник был груб: всё время перебивал, когда я хотела задать вопрос, и много раз угрожал меня уволить. Серьёзно? Я ещё даже не согласилась, а он уже увольняет меня? Более того, у них очень тесный офис, у меня совсем не будет личного пространства. А ещё они совсем не предлагают медицинскую страховку, и дают совсем маленький отпуск – всего две недели в год. С другой стороны, у этой работы есть огромный плюс – четырёхдневная рабочая неделя!

I felt terrible at that interview. The boss was rude, kept interrupting me when I wanted to ask a question, and threatened to fire me several times. Are you serious? I haven't even accepted the job yet and he's already firing me? Also, they have a very stuffy office and I won't have any private space. Also, they don't offer medical insurance and give you a very short vacation—only two weeks a year. On the other hand, this job has one huge perk—a four-day work week!

12. Listen to the short, connected conversations and fill in the missing words. Then check your work and role-play the conversations. Pay attention to the useful words and phrases in bold.

Conversation I

Мама: Таня, дорогая, эта работа делает тебя несчастной! Посмотри на себя, ты выглядишь как **выжатый лимон!**

Таня: Мама, я согласна, но я получаю очень хорошую зарплату, а в следующем месяце её ещё и **1)**_____. Я столько всего смогу купить.

Мама: Например, оплатить таблетки и лечение в психиатрической клинике?

Таня: Мама, что ты такое говоришь!

Мама: А что? Неужели я не права? Требования на твоей работе **2)**_____, и ты это знаешь. У тебя шестидневная **3)**_____, и тебе не разрешают брать больше семи дней отпуска подряд.

Таня: Да, но мне часто дают **4)**_____ за это, и у нас очень дружный **5)**_____.

Мама: Да, у тебя хорошие коллеги, но твой начальник **не ценит** тебя. Мне кажется, тебе пора просмотреть **6)**_____ о работе.

Mom: Tanya, dear, this job makes you unhappy! Look at yourself! You look like a **squeezed lemon**!

Tanya: Mom, I agree, but I get a very good salary and next month they are even going to raise it. I will be able to buy so many things.

Mom: Like pay for medicine or treatment in a mental health clinic?

Tanya: What are you talking about, Mom?

Mom: Why? Am I not right? The demands of your job are too high, and you know it. You have to work six days a week and you're not allowed to take more than seven days of vacation in a row.

Tanya: Yes, but I often get bonuses for that and we have a very friendly team.

Mom: Yes, you have very good colleagues, but your boss **doesn't appreciate** you. I think that it's time for you to look at job ads.

Conversation II
(через два дня)

Таня: Всё, с меня хватит! Ты права, мама, я увольняюсь!

Мама: О, я просто счастлива! Могу я спросить, почему?

Таня: Ты же знаешь, какая я 1)_____. Я семь лет работаю в этой компании и ни разу не 2)_____. Даже когда был ураган и большинство коллег в тот день работало 3)_____, помнишь?

Мама: Конечно, я помню. Я пыталась остановить тебя, но мои слова были **как горох об стену**.

Таня: Короче, сегодня я опоздала, первый раз за семь лет. Всего на пять минут, потому что автобус, на котором я ехала, сломался. Я рассчитывала на понимание, но что я получила вместо этого? 4)_____начальника, который угрожал уволить меня, если это повторится!

Мама: Слава Богу! Наконец-то это случилось!

Таня: В смысле? Мне плохо, а ты говоришь слава Богу?

Мама: Прости, дорогая. Я имею ввиду, что наконец-то ты поняла, что такой 5)_____, как ты, заслуживает хорошего отношения.

Таня: Да, мама, ты права. Сейчас я пойду и обновлю своё 6)_____ а завтра у меня уже три собеседования!

Мама: Вот это другой разговор!

Tanya: That's it, I've had enough! You're right, Mom, I quit!

Mom: Oh, I'm just happy! May I ask you why?

Tanya: You know how punctual I am. I've been working at this company for seven years and have never been late. Even when there was a storm and most of my colleagues were working remotely, remember?

Mom: Of course, I remember. I tried to stop you but it was **like talking to a brick wall**.

Tanya: Anyway, today I was late for the first time in seven years. Just five minutes late because the bus I was on broke down. I was expecting understanding, but what did I get instead? A yelling boss threatening to fire me if it happens again!

Mom: Thank God! This has finally happened!

Tanya: What do you mean? I feel bad and you thank God?

Mom: I'm sorry, dear. I mean you finally understand that an employee like you deserves better treatment.

Tanya: Yes, Mom, you're right. I'm going to update my CV now and tomorrow I already have three job interviews!

Mom: Now we're talking!

Conversation III
(на следующий день)

Таня: Мама, я дома, и мне нужна твоя помощь.

Мама: Что случилось? Ты получила 1)_____ на всех трёх собеседованиях?

Таня: Как раз наоборот! Все три компании готовы нанять меня, и я могу начать уже в понедельник!

Мама: И в чём проблема?

Таня: Я не знаю, какую компанию мне выбрать. Они все были впечатлены моим 2)_____ и портфолио.

Мама: Хорошо, а что они 3)_____?

Таня: Ты не поверишь, все предлагают более высокую зарплату, чем у меня была на старой работе. Плюс два 4)_____ в неделю, большой отпуск и 5)_____ работать из дома.

Мама: Действительно сложный выбор. Думаю, мы обсудим его за тортом и чашечкой чая.

Таня: Ты испекла торт?

Мама: Конечно! Торт идеально подходит для поздравлений и для утешения.

Таня: Я **на седьмом небе**! Обожаю тебя! Я быстро переоденусь, и мы с тобой 6)_____ все варианты.

(next day)

Tanya: Mom, I'm home and I need your help.

Mom: What happened? You got rejected at all three interviews?

Tanya: On the contrary! All three companies are ready to hire me and I can start on Monday!

Mom: So, what's the problem?

Tanya: I don't know which company to choose. They are all impressed with my experience and portfolio.

Mom: Okay, and what do they offer?

Tanya: You won't believe it, but they all offer a higher salary than the one I had at my old job. Plus, two days off a week, a lengthy vacation, and the option to work from home.

Mom: A tough choice indeed. I think we'll discuss it over cake and a cup of tea.

Tanya: Did you bake a cake?

Mom: Of course I did! A cake is perfect for congratulations and consolations.

Tanya: I'm **on cloud nine**! Love you! I'll go change quickly and we'll discuss all the options.

НОВАЯ ЖИЗНЬ
NEW LIFE

Сегодня я **встал на весы** и очень расстроился. Мне пора **худеть**. Дело не только в том, как я выгляжу. Мой **вес** становится проблемой для моего здоровья. У меня часто болит спина, и я очень быстро устаю. Моей первой мыслью было сесть на **строгую диету**. Никаких **углеводов и жиров**! Только **постное** мясо и овощи!

Today I **stepped on my scale** and got very upset. It's time for me to **lose weight**. It's not about how I look. My **weight** is becoming a health problem. My back hurts often and I get tired very easily. My first idea was to go on **a strict diet**. No **carbs or fats**! Only **lean** meat and vegetables!

Потом я вспомнил всё, что когда-то читал о **похудении**. Если **лишить** организм **питательных веществ**, то можно **нанести вред** здоровью. Диета должна быть **сбалансированной** и **разнообразной**. Многие говорят, что иногда даже можно есть **сладкое**, чтобы однажды не **сорваться** и не съесть пачку печенья за раз!

Then I remembered everything that I had ever read about **losing weight**. If you **deprive** your body of **nutrients**, you can **damage** your health. A diet must be **balanced** and **varied**. Many people say that you can even eat **sweets** from time to time, so that one day you don't **break** and eat a whole box of cookies!

Ну, и конечно же, важно **заниматься спортом**. Я думал **купить абонемент в спортзал**, но потом передумал. Для начала я буду **делать растяжку** по утрам, больше ходить пешком и иногда ходить в бассейн.

And, of course, it's important **to exercise**. At first, I wanted to **buy a gym membership**, but then I changed my mind. I'll start by **stretching** in the mornings, walking more often, and going to the swimming pool sometimes.

HEALTHY LIVING AND KEEPING FIT VOCABULARY LIST

заниматься спортом	to do sports
делать зарядку	to do exercises
делать растяжку	to do stretches
ходить в спортзал	to go to the gym
покупать абонемент в спортзал / бассейн	to buy a gym / swimming pool membership
принимать витамины / добавки	to take vitamins / supplements
(домашняя) тренировка	(at-home) workout
контролировать вес следить за весом взвешиваться взвешивать еду	to control weight to watch, monitor weight to weigh oneself to weigh food
лишний вес	excessive weight
бегать	to run, jog
быть в хорошей форме	to be in good shape
правильное питание	healthy diet
соблюдать диету сидеть / быть на диете	to follow a diet be on a diet
строгая / сбалансированная / разнообразная диета	strict / well-balanced / varied diet
рацион исключить из рациона включать в рацион	ration / diet to exclude from the ration / diet to include into the ration / diet
белки, жиры, углеводы, клетчатка	proteins, fats, carbs, fiber
содержать	to contain
источник чего-то	a source of something

калории	calories
считать калории	to count calories
калорийность	caloric value
питание	nutrition
питательные вещества	nutrients
уменьшить порции еды	to decrease food servings
избегать вредной пищи	to avoid bad food
вредные привычки	bad habits
сократить употребление чего-либо	to cut down on something
(не)здоровый перекус	(un)healthy snack
сидячий образ жизни	sedentary lifestyle
поправиться / набрать вес	to gain weight
похудеть / сбросить вес	to lose weight
похудеть на 5 килограмм	to lose 5 kilos
ожирение	obesity
одышка	gasping
(не) влезать в джинсы / одежду	(don't) fit in jeans / clothes

CONDITIONAL SENTENCES

Conditional sentences (clauses) are connected with the help of the conjunction "если — if" or the double conjunction "если ... то – if ... then".

Я пойду на вечеринку, **если** поправлюсь от гриппа.

I will go to the party **if** I recover from the flu.

Не волнуйся, **если** тебя сейчас положат в больницу, **то** я привезу твои вещи.

Don't worry, **if** they hospitalize you now, **then** I will go and get your things.

The condition and its result can refer to different times (future or past), which conveys a certain meaning and requires its own rules.

1. **The condition refers to the present and the result refers to the future.**

Meaning: if you do/don't do something now, something will or won't happen in the future.

Tenses: present tense for the condition, future tense for the result.

Если ты **будешь соблюдать** диету, то **обязательно похудеешь**.

If you **keep** the diet, then you **will surely lose weight**.

2. **The condition and the result refer to the future.**

Meaning: if you do/don't something in the future, something will or won't happen in the future.

Tenses: future tense for the condition and the result.

Если ты опять **посоветуешь** мне есть одни овощи, я больше **не последую** твоему совету!

If you **advise** me to eat only vegetables again, I **will not follow** your advice anymore!

> **Note** the difference from the English language. In English, the condition is expressed by the present tense, while in Russian both parts of the sentence have future forms.

3. **The condition and the result refer to the past and express an action that could/couldn't have happened. In this case, use the particle "бы/б".**

Meaning: if you had/hadn't done something in the past, something would/wouldn't have happened in the past.

Tenses: past tense and the particle "бы/б" for both parts.

Если **бы ты не была** так строга к себе, ты **бы не нанесла** вред своему здоровью. Твоя диета была несбалансированной!

If you **hadn't been** so strict with yourself, you **wouldn't have damaged** your health. Your diet wasn't balanced!

4. **The condition refers to the past and the result refers to the present.**

Meaning: if you had/hadn't done something in the past, something would/wouldn't happen in the present.

Tenses: past tense and the particle "бы/б" for both parts.

Если бы ты не провела вчера в спортзале три часа, у тебя **бы сейчас не болели** все мышцы. Ты переусердствовала.

If you **hadn't spent** three hours at the gym yesterday, all your muscles **wouldn't hurt** now. You overdid it.

 Note that the punctuation rules for conditional sentences are different in Russian and English. While in English we separate the parts of the sentence with a comma only if the condition precedes the consequence, in Russian there is no difference and a comma should always separate the parts.

Если я ем слишком много сладкого, у меня появляется аллергия.

If I eat too many sweets, I have an allergic reaction.

У меня появляется аллергия, **если** я ем слишком много сладкого.

I have an allergic reaction **if** I eat too many sweets.

ADVERBIAL PARTICIPLE – ДЕЕПРИЧАСТИЕ

Like the participle, adverbial participle is a special form of the verb. It is used to indicate an additional action that took place alongside the main action or was completed before the main action.

Делая вечернюю тренировку, я забыла о своих проблемах.

While doing my evening workout, I forgot about my problems.

Сделав вечернюю тренировку, я пошла в душ.

Having done an evening workout, I went to the shower.

As you can see from the examples above, adverbial participles can indicate either a process (the first example) or a completed action (the second example). Depending on this, certain formation rules should apply. The good news is that adverbial participles are not declined and have the same form for every tense, case, gender, and number.

How do you make an adverbial participle that expresses a process?

1. Take an imperfective verb
2. Create its third person plural form in the present tense
3. Remove the ending and add "я"

читать – читают – чита – читая – read – while reading

Читая финансовый отчёт, она думала о том, что ведёт сидячий образ жизни и это очень плохо.

While reading the financial report, she was thinking about the fact that she's leading a sedentary lifestyle and that it's bad.

How do you make an adverbial participle that expresses a result?

1. Take a perfective verb
2. Create its first-person singular form in the past tense
3. Remove the ending and add "в"

Прочитать – прочитал – прочита – прочитав

Прочитав о новой диете, она сразу же решила её попробовать.

Having read about a new diet, she immediately decided to try it.

 Note that the adverbial participle and the verb must be related to one noun (one subject). Very often, even native speakers make a mistake and create incorrect sentences, for example:

Проехав два километра, бутылка с водой **выпала** из моего рюкзака.

In English, this would mean something like:

Having ridden for two kilometers, the water bottle **fell out of** my backpack.

The problem here is that the adverbial participle "проехав" refers to a bike or a person who rode the bike, while the verb "выпала" refers to the bottle. The correct version of this sentence might sound like this:

Проехав два километра, я **потерял** бутылку с водой.

Having ridden two kilometers, I **lost** my water bottle.

SUBORDINATE CLAUSES OF CONCESSION

Subordinate clauses of concession are connected with the main clause by the conjunction **"хотя – although"** and express an action that happened/didn't happen despite the action in the main clause.

Хотя моя подруга ест только здоровую еду, она не в очень хорошей форме, потому что не занимается спортом.

Although my friend eats only healthy food, she is not fit because she doesn't exercise.

Another conjunction that expresses the same meaning is "несмотря на – regardless of". It is usually followed by a noun.

Несмотря на плохое самочувствие, она упорно продолжала строгую диету без мяса и хлеба.

Regardless of feeling unwell, she continued her strict diet without meat and bread.

 Note that this conjunction is often confused with the combination of the particle "не" + an adverbial participle "смотря". In this case it's translated as "without looking at".

Она говорила, **не смотря на** меня.

She was talking **without looking at** me.

EXERCISES

1. Match the columns to make word combinations, then match them with the images.

[____] 1. покупать	**A.** привычки
[____] 2. нездоровые	**B.** вес
[____] 3. вредные	**C.** одежду
[____] 4. контролировать	**D.** абонемент
[____] 5. разнообразная	**E.** образ жизни
[____] 6. сидячий	**F.** растяжку
[____] 7. не влезать в	**G.** перекусы
[____] 8. делать	**H.** диета

a.

d.

g.

b.

e.

h.

c.

f.

2. Choose the right word according to the context.

    1. Вера не ест фаст-фуд потому что ведёт **здоровый / нездоровый** образ жизни.

    2. Если ты хочешь **набрать / сбросить** вес, тебе нужно заниматься спортом.

    3. Тебе нужно **сократить / увеличить** употребление сладкого. Ты только что съела целую шоколадку!

    4. **Разнообразная / несбалансированная** диета включает в себя мясо, рыбу, крупы, овощи, орехи и фрукты.

    5. Овощи – отличный источник **клетчатки / жиров**.

    6. Мой двоюродный брат купил абонемент в **спортзал / бассейн**, потому что любит плавать.

    7. Нельзя **исключать / включать** из рациона углеводы, потому что они дают организму энергию.

    8. В мясе содержится много **клетчатки / белка**.

3. Complete the texts using the words from the box. Do not look at the translation until you have completed the task.

Золотая середина

| строгую сбросить растяжек похудела исключила углеводы |

Три года назад я **1)**_____ на двадцать килограмм. Наверное, это одно из самых больших достижений в моей жизни. Многие люди спрашивают меня, как мне удалось **2)**_____ такой большой вес. Я всегда отвечаю, что секрет в балансе. Например, когда я только начинала, я **3)**_____ из своего рациона сладости, хлеб и вообще любые **4)**_____. Это было ошибкой. Очень быстро мне стало не хватать энергии, а однажды мне так захотелось сладкого, что я съела полкилограмма мороженого. Поэтому я заменила **5)**_____ диету на разнообразную. Я позволяла себе даже «запрещённую» еду, просто в небольших количествах. И конечно же, я сделала спорт частью своей жизни, но тоже постепенно. Я начала с ежедневных **6)**_____, а сейчас я хочу в спортзал три раза в неделю.

The golden middle

Three years ago, I lost twenty kilos. Likely, it's one of the biggest accomplishments in my life. Many people ask me how I managed to lose so much weight. I always answer that balance is the secret. For example, when I first started, I excluded sweets, bread, and overall any carbs from my diet. That was a mistake. Very soon, I started to lack energy and one day I wanted something sweet so badly that I ate half a kilo of ice cream. So, I replaced a strict diet with a varied one. I allowed myself even "forbidden" foods, just in smaller amounts. Of course, I made sports a part of my life, but I did it gradually as well. I started with daily stretching and now I go to the gym three times a week.

Вредные привычки

> хорошей форме   занимаюсь   вредные привычки
> абонемент   жиров   лишний

Когда у меня спрашивают, есть ли у меня 1)_____, я отвечаю, что нет. Я не курю и не пью алкоголь. Совсем не пью алкоголь, даже на вечеринках или за просмотром футбольного матча. В то же время я не могу сказать, что я в 2)_____. У меня есть небольшой 3)_____ вес, и я устаю даже поднявшись на третий этаж. Самое ужасное, что я понимаю, почему это так. Во-первых, я заедаю стресс. Если случается что-то плохое, мне всегда поможет пицца, суши или торт. В такой еде много 4)_____ и углеводов и совсем мало витаминов. Ещё я совсем не 5)_____ спортом. Иногда я делаю попытки, но быстро сдаюсь. Например, в прошлом месяце я купил 6)_____ в спортзал, но сходил только на два занятия из восьми. Мне кажется, что для успеха мне не хватает поддержки и мотивации.

When I'm asked if I have any bad habits, I say no. I don't smoke and don't drink alcohol. I don't drink alcohol at all, not even at parties or when watching a football match. At the same time, I can't say that I'm in a good shape. I have some excess weight and I get tired even after going up to the third floor. The worst thing is that I understand why it is so. First of all, I stress eat. If something bad happens, pizza, sushi, or cake always helps me. Such food is high in fat and carbs and low in vitamins. Also, I don't exercise at all. Sometimes I try, but I give up quickly. For example, last month I bought a gym membership, but I only attended two out of eight sessions. I think that I lack support and motivation to succeed.

4. Match parts of conditional sentences.

[___] 1. Ты не похудеешь, если	A. у меня было бы более крепкое здоровье сейчас.
[___] 2. Если бы я больше занимался спортом в молодости,	B. если поправлюсь хоть на полкилограмма.
[___] 3. Если я куплю абонемент в спортзал,	C. у тебя бы не было таких проблем с зубами.
[___] 4. Я не влезу в эти джинсы,	D. если будете пропускать тренировки.
[___] 5. Если бы дети любили овощи так, как конфеты,	E. так часто будешь есть фаст-фуд.
[___] 6. Вы не победите в турнире,	F. я бы уже давно похудел!
[___] 7. Если бы я раньше наткнулся на эту диету,	G. у меня будет мотивация ходить туда. Ведь я заплатила деньги!
[___] 8. Если бы ты сократил количество сладкого,	H. жизнь была бы проще!

5. Choose the correct form of the verb in the conditional sentences below.

   1. Если ты будешь **взвешивать / взвешивала** еду перед каждым приёмом пищи, тебе это быстро наскучит.

      If you weigh food before every meal, you'll soon get bored with it.

   2. Если бы ты избегала вредной пищи, ты бы сейчас не **имеешь / имела** столько проблем со здоровьем.

      If you avoided bad food, you wouldn't have so many health issues now.

   3. У меня не было бы сейчас столько энергии, если бы утром я не **ходила / сходила** на пробежку.

      I wouldn't have so much energy today if I hadn't gone jogging in the morning.

4. Если я **буду делать / делала** только домашние тренировки, у меня не будет достаточно мотивации.

   If I only do home workouts, I won't have enough motivation.

5. Не переживайте, если **вы будете соблюдать / бы вы соблюдали** эту диету, вы быстро сбросите вес.

   Don't worry, if you follow this diet, you'll lose weight quickly.

6. Если Маша **делала / делает** сложные упражнения, она быстро уставала. Поэтому она начала с простых упражнений.

   If Masha did complex exercises, she got tired quickly. That's why she started with simple exercises.

7. Если бы мама не запрещала мне в детстве есть сладости, я **бы не сходила / не схожу** по ним с ума сейчас. Мне кажется, мама перестаралась.

   If Mom hadn't forbidden me to eat sweets when I was a child, I wouldn't be crazy about them now. I think that Mom went too far.

8. Если меня **не спрашивают / не спрашивали бы**, как я держу хорошую форму, я не лезу со своими советами.

   If I'm not asked about how I stay fit, I don't interfere with my advice.

6. Choose the correct grammatical form of the verb to complete the conditional sentences below.

   1. Если бы я не_____зарядку каждое утро, я бы чувствовала себя зажатой весь день.

      If I didn't exercise every morning, I would feel stiff all day.

      A. делаю   B. делала   C. делаем

   2. Даже если моя мама_____печенье для семьи, она его не ест. Она следит за своим весом.

      Even if my mom bakes cookies for the family, she doesn't eat them. She watches her weight.

      A. делает   B. делала   C. делал

3. Егор, если бы ты уменьшил порции еды, ты бы уже сейчас_____результат.

   Yegor, if you had reduced food servings, you would have seen the results by now.

   A. видишь   B. увидишь   C. видел

4. Давай заниматься спортом вместе. Если ты меня_____, то я не сдамся.

   Let's do sports together. If you support me, I won't give up.

   A. поддерживаешь   B. поддержала   C. поддержишь

5. Если вы_____сидячий образ жизни, у вас скоро появятся проблемы со спиной. Обязательно включите спорт в вашу жизнь.

   If you lead a sedentary lifestyle, you'll soon have back problems. Be sure to include sports in your life.

   A. вели   B. ведёте   C. ведут

6. Если бы два года назад он_____здоровое питание, у него бы не было сейчас ожирения.

   If he had started eating healthily two years ago, he wouldn't be overweight now.

   A. начал   B. начнёт   C. начинал

7. Если ты пойдёшь завтра в спортзал, то я тоже_____.

   If you go to the gym tomorrow, I will go too.

   A. пойду   B. пошла   C. ходила

8. Ты бы не чувствовала себя вчера плохо, если бы не_____столько жирной еды.

   You wouldn't have felt bad yesterday if you hadn't eaten so much fatty food.

   A. съешь   B. ешь   C. съела

7. Match the verbs below with their adverbial participles.

[____] 1. приготовить	A. сбросив
[____] 2. заниматься	B. читая
[____] 3. играть	C. занимаясь
[____] 4. сбросить	D. приготовив
[____] 5. купить	E. взвесив
[____] 6. читать	F. купив
[____] 7. взвесить	G. исключив
[____] 8. исключить	H. играя

8. Complete the sentences below with the adverbial participles from Exercise 7.

   1. Вчера я уснула,_____книгу о спорте и здоровом питании.

   2. _____сладкое из рациона, ты принесёшь большую пользу своему здоровью.

   3. _____спортом, Алина думает о том, как красиво будет выглядеть.

   4. _____еду, Костя понял, что ему нужно сократить размер порции.

   5. _____в волейбол, я одновременно хорошо провожу время и держу себя в форме.

   6. _____вес, Виталик почувствовал себя увереннее.

   7. _____ужин для семьи, Лена пошла в спортзал.

   8. _____велосипед, Степан пообещал себе, что будет кататься на нём каждый день.

9. Choose between the adverbial participle that indicates an action in progress and the one that indicates a completed action.

   1. **Поправившись / поправляясь** на три килограмма после родов, Оля даже обрадовалась, потому что её подруги набрали гораздо больше.

      Having gained only three kilos after giving birth, Olya was happy because her friends had gained even more.

   2. **Покупая / купив** нездоровые перекусы своим детям, вы портите их здоровье.

      By buying your kids unhealthy snacks, you're ruining their health.

   3. Женя обычно идёт в спортзал, **делая / сделав** домашнюю тренировку. Мне кажется, это слишком.

      Zhenya usually goes to the gym after working out at home. I think it's too much.

   4. **Делая / сделав** растяжку, я расслабляюсь и думаю о чём-нибудь хорошем.

      When stretching, I relax and think of something nice.

   5. **Включив / включая** в рацион орехи, я заметила, что у меня улучшились волосы.

      Having added nuts to my diet, I noticed that my hair got better.

   6. **Соблюдая / соблюдав** диету, я не схожу с ума. Я просто стараюсь есть здоровую пищу, но иногда позволяю себе что-нибудь вкусненькое.

      When following a diet, I don't go crazy. I just try to eat healthy food, but sometimes I allow myself to eat something delicious.

   7. Я диетолог. **Составляя / составив** диету для своих пациентов, я стараюсь сделать её сбалансированной и разнообразной.

      I'm a dietitian. When creating a diet for my patients, I try to make it balanced and varied.

   8. **Покупая / купив** абонемент в бассейн, я думала, что буду мотивировать себя деньгами, но я ошиблась.

      Having bought a swimming pool membership, I thought I would motivate myself with money, but I was wrong.

10. Match parts of the sentences that express concession. In one sentence, there is an adverbial participle instead of a conjunction. Can you find it?

[____] 1. Ира не может похудеть,	A. хотя знают, что это плохо для их здоровья.
[____] 2. Несмотря на свой возраст,	B. она пошла в отдел овощей и фруктов.
[____] 3. Мои друзья покупают нездоровые перекусы типа чипсов,	C. она не запрещает нам есть сладости.
[____] 4. Хотя я и слежу за своим весом,	D. я всё равно в плохой форме.
[____] 5. Не смотря на торты, которые продавались рядом,	E. хотя занимается спортом и не ест сладкого.
[____] 6. Несмотря на свой лишний вес,	F. я иногда ем печенье и конфеты.
[____] 7. Хотя моя мама и фанат здорового питания,	G. мой дедушка ходит в спортзал и бегает по утрам.
[____] 8. Хотя я и занимаюсь спортом три раза в неделю,	H. он продолжает есть фаст-фуд и пить колу.

11. Create adverbial participles from the verbs in brackets.

   1. (Взвешиваться)_____, моя тётя закрывает глаза, потому что боится увидеть «плохую» цифру.

   When weighing herself, my aunt closes her eyes because she is afraid of seeing the "bad" number.

   2. (Решить)_____заниматься спортом, Саша купила себе спортивный костюм и коврик.

   Having decided to do sports, Sasha bought herself a gym suit and a mat.

   3. (Исключить)_____из рациона углеводы, вы лишили себя источника энергии. Это очень распространённая ошибка.

   Having excluded carbs from your diet, you deprived yourself of the source of energy. It's a common mistake.

4. (Выбирать)_____ продукты, я обращаю внимание на их калорийность.

   When choosing foods, I pay attention to their caloric content.

5. (Похудеть)_____ на шесть килограмм, Надя наконец-то влезла в свои любимые джинсы.

   Having lost five kilos, Nadia finally fit into her favorite jeans.

6. (Принимать)_____ витамины и добавки, спортсмены улучшают свои результаты.

   Athletes improve their results by taking vitamins and supplements.

7. (Решить)_____ вести здоровый образ жизни, он выбросил все шоколадки и печенье.

   Having decided to lead a healthy lifestyle, he threw away all his chocolate and cookies.

8. (Выбрать)_____ подходящую диету, Марина решила проконсультироваться с врачом.

   Having chosen a suitable diet, Marina decided to consult her doctor.

12. Listen to a series of short, connected conversations. Fill in the missing words, check your work with the Answer Key and role-play the conversations.

Conversation I

Лиза: Катя, я решила. Я **1)**_____ к лету на десять килограмм!

Катя: Ты уверена, что это хорошая идея? Сколько ты весишь сейчас?

Лиза: Ох, не спрашивай меня! Ладно, только шёпотом, я вешу семьдесят пять килограмм.

Катя: Но у тебя рост метр и семьдесят три сантиметра. У тебя **2)**_____ вес.

Лиза: Я хочу лучше выглядеть. Мне кажется, я в плохой **3)**_____.

Катя: Но почему обязательно худеть? Ты можешь начать ходить в

4)_____ и подкачаться.

Лиза: Нет, я уже решила. Я нашла отличную диету!

Катя: Что за диета?

Лиза: Я буду есть овощи и куриную грудку и пить кефир.

Катя: Дай угадаю, а ещё ты будешь 5)_____ порции и 6)_____ сладкое из своей жизни.

Лиза: Именно так! И не нужно смеяться надо мной.

Катя: Я не смеюсь. Я просто переживаю за твоё здоровье.

Liza: Katya, I've made up my mind. I will lose ten kilos by the beginning of summer.

Katya: Are you sure it's a good idea? How much do you weigh now?

Liza: Oh, don't ask me! Okay, but in a whisper: I weigh seventy-five kilos.

Katya: But your height is a meter and seventy-three centimeters. You are at a healthy weight.

Katya: I want to look better. I think I'm in a bad shape.

Katya: Why does it have to be weight loss? You can start going to the gym and build some muscle.

Liza: No, I've made up my mind. I've found a great diet!

Katya: What kind of diet?

Liza: I will eat vegetables and chicken breast and drink kefir.

Katya: Let me guess, you'll also weigh your servings and exclude sweets from your life.

Liza: Exactly! And no laughing at me!

Katya: I'm not laughing. I'm just worried about your health.

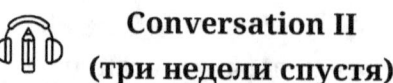

**Conversation II
(три недели спустя)**

Катя: Лиза, привет! Мы с девчонками завтра собираемся потусить у меня дома. Будет пицца, суши и вино.

Лиза: Извини, Катя, я не приду.

Катя: В чём дело? Ты уезжаешь к родителям на выходные?

Лиза: Нет! Неужели ты не понимаешь! Я 1)_____ за своим весом, и не могу пойти на вечеринку с пиццей и суши.

Катя: Не вопрос, приноси свою куриную грудку. У меня есть кухонные 2)_____, так что ты сможешь взвесить порцию.

Лиза: Ты не понимаешь, Катя. Я 3)_____ вредной пищи. Мне тяжело на неё смотреть, потому что я сыта по горло курицей и овощами.

Катя: Я бы сказала, что предупреждала тебя, что это плохая идея, но я твоя подруга. Эта диета разрушает твоё здоровье.

Лиза: Да, но мне так нравится, как я выгляжу. Я 4)_____ уже семь килограмм!

Катя: Меня больше волнует твоё душевное здоровье. Ты почти заплакала, когда услышала про пиццу.

Лиза: Да! Да, я заплакала. Потому что я стараюсь 5)_____ здоровый образ жизни, а у меня не получается!

Катя: Ты путаешь здоровый образ жизни и сумасшествие. Давай завтра ты съешь пару кусочков пиццы, а в субботу мы компенсируем это хорошей 6)_____.

Лиза: Я ещё подумаю, но я уже почти согласна!

(three weeks later)

Katya: Hello, Liza! The girls and I are going to hang out at my place tomorrow. There will be pizza, sushi, and wine.

Liza: Sorry, Katya, I'm not coming.

Katya: Why? Are you going to your parents' for the weekend?

Liza: No! You don't understand! I'm watching my weight and I can't go to a party with pizza and sushi.

Katya: No problem, bring your chicken breast. I have a kitchen scale and you can weigh your serving.

Liza: You don't understand, Katya. I avoid unhealthy foods. It's hard for me to look at it because I'm sick of chicken and vegetables.

Katya: I would say that I had warned you this was a bad idea but I'm your friend. This diet is ruining your health.

Liza: Yes, but I really like the way I look. I've already lost seven kilos!

Katya: I'm more worried about your mental health. You almost cried when you heard about pizza.

Liza: Yes! Yes, I cried because I try to lead a healthy lifestyle and I fail!

Katya: You're confusing a healthy lifestyle with madness. Let's do it this way: tomorrow you'll eat a few slices of pizza and on Saturday we'll make up for it with a good workout.

Liza: I'll think about it but I'm almost in!

Conversation III
(два месяца спустя в спортзале)

Катя: Обалдеть! Это была просто отличная тренировка! Хорошо, что мы купили 1)_____!

Лиза: Согласна! Но те 2)_____ тренировки, что я нашла, тоже хорошие! Я сброшу их тебе в WhatsApp.

Катя: Обязательно! Я заценю их, но чуть позже. На этих выходных я хочу приготовить лазанью по особому рецепту. Конечно, она ужасно 3)_____, но калории – это не преступление.

Лиза: Да, теперь я это точно знаю! Я совсем изменила свой 4)_____. Иногда я даже позволяю себе 5)_____ перекусы.

Катя: И посмотри на себя в зеркало! Ты выглядишь просто шикарно!

Лиза: Не могу не согласиться! И знаешь, что самое интересное? Я 6)_____ больше, чем до той диеты!

Катя: Конечно, у тебя появились сильные мышцы!

Лиза: Спасибо тебе, подруга! Ты буквально спасла меня!

Катя: Я рада, что у меня получилось! Приходи ко мне на лазанью на выходных.

Лиза: С удовольствием!

(two months later in the gym)

Katya: Wow! That was just a great workout! It's so good that we bought the membership!

Liza: Agreed! Still, those home workouts that I found are great too! I'll send them to you on WhatsApp.

Katya: For sure! I'll check them out later. This weekend I want to make lasagna from a special recipe. Of course, it's terribly high in calories, but calories are no crime.

Liza: Yeah, now I know for sure! I've completely changed my diet! Sometimes, I even allow myself to eat unhealthy snacks.

Katya: And look at yourself in the mirror! You look just awesome!

Liza: I couldn't agree more! You know what's the most interesting part? I weigh more than I did before that diet!

Katya: Of course, you have strong muscles now!

Liza: Thanks, friend! You literally saved me!

Katya: I'm glad I did! Come over to my place this weekend for lasagna.

Liza: With pleasure!

CONCLUSION

Congratulations! Seriously, we mean it: we congratulate you on finishing this book and want you to know that you deserve all the praise a student can get from their teacher!

We know that this has been a hard journey with many subtleties, rules, endings, exceptions, and tons of things to memorize. We also know that you matched and filled in dozens of words, you created grammar forms, made choices, and role-played conversations. Of course, you made mistakes along the way. Here is our promise from the introduction: those mistakes led you to a great achievement.

You'll be surprised how many of the things you've learned will soon come in handy when you speak, read, or listen to Russian-language content. You may not even remember how you know this or that word you read, or how you use this or that grammar construction when speaking, because the great job you've done has brought you closer to full mastery of the Russian language.

However, we strongly encourage you to move forward. Whether it's another B1-B2 level book or something more advanced, remember to keep going. Consistency is the key, and we want you to remember that learning some Russian every day, or two to three times a week, is better than having a huge exhausting lesson once and then giving up for months.

There are many books and tools, including the ones by Lingo Mastery, that can help you take small but meaningful steps forward. Choose Russian language books that give you a sense of accomplishment, make the learning process fun, and focus on bringing you closer to the real life of Russian speakers.

Good luck! We look forward to seeing you in other books Lingo Mastery has created for you.

GRAMMAR APPENDIX

COMMON PREFIXES AND SUFFIXES OF PERFECTIVE VERBS

PREFIXES		
По-	**С-**	**На-**
почитать – read посмотреть – watch полюбить – like	сделать – do спеть – sing сварить – cook	написать – write нарисовать – draw напечатать – type

SUFFIXES	
imperfective ять / ать turns into perfective **ить**	imperfective ыва / ива turns into perfective **а / и**
доверять – доверить – trust позволять – позволить – allow получать – получить – get покупать – купить – buy	показывать – показать – show рассказывать – рассказать – tell заслуживать – заслужить – deserve спрашивать – спросить – ask

Some irregular verbs:

класть – положить – lie down
говорить – сказать – say
брать – взять – take

FORMATION OF SHORT ADJECTIVES

GENDER	RULE
Masculine gender	Remove the ending молод**ой** – молод - young
Feminine gender	Remove -я молод**ая** – молода
Neutral gender	Remove -е молодо**е** – молодо
Plural	Remove -е Молод**ые** – молоды

Special rules:

1. For masculine adjectives that end in a consonant + к/г, add the vowel 'о'.

   Его сон был слад**о**к, но не дол**о**г. – His sleep was sweet but short.

2. For masculine adjectives that end in a consonant + н, add the vowel 'е'.

   Он был бед**е**н, но счастлив. – He was poor but happy.

Exceptions:

маленький – мал/мала/мало/малы – small

большой – велик/велика/велико/велики – big

DECLENSION OF ADJECTIVES ENDING IN -ый, -ой, -ий

	MASCULINE	FEMININE	NEUTRAL	PLURAL
NOMINATIVE	нов**ый**	нов**ая**	нов**ое**	нов**ые**
GENITIVE	нов**ого**	нов**ой**	нов**ого**	нов**ых**
DATIVE	нов**ому**	нов**ой**	нов**ому**	нов**ым**
ACCUSATIVE	animate = genitive inanimate = nominative	нов**ую**	нов**ое**	animate = genitive inanimate = nominative
INSTRUMENTAL	нов**ым**	нов**ой**	нов**ым**	нов**ыми**
PREPOSITIONAL	нов**ом**	нов**ой**	нов**ом**	нов**ых**

DECLENSION OF ADJECTIVES ENDING IN -ний

	MASCULINE	FEMININE	NEUTRAL	PLURAL
NOMINATIVE	син**ий**	син**яя**	син**ее**	син**ие**
GENITIVE	син**его**	син**ей**	син**его**	син**их**
DATIVE	син**ему**	син**ей**	син**ему**	син**им**
ACCUSATIVE	animate = genitive inanimate = nominative	син**юю**	син**ее**	animate = genitive inanimate = nominative
INSTRUMENTAL	син**им**	син**ей**	син**им**	син**ими**
PREPOSITIONAL	син**ем**	син**ей**	син**ем**	син**их**

Nouns from group three with a stem ending in **-ж, -ч, -щ and stressed -ш** follow special spelling rules and have '**и**' and '**е**' in their ending instead of '**ы**' and '**о**'.

с новым – с хорошим
with new – with good

о новом – о хорошем
about new – about good

DECLENSION OF ADJECTIVES ENDING IN -Г, -К, -Х, AND STRESSED 'Ш'

	MASCULINE	FEMININE	NEUTRAL	PLURAL
NOMINATIVE	горь**кий**	горь**кая**	горь**кое**	горь**кие**
GENITIVE	горь**кого**	горь**кой**	горь**кого**	горь**ких**
DATIVE	горь**кому**	горь**кой**	горь**кому**	горь**ким**
ACCUSATIVE	animate = genitive inanimate = nominative	горь**кую**	горь**кое**	animate = genitive inanimate = nominative
INSTRUMENTAL	горь**ким**	горь**кой**	горь**ким**	горь**кими**
PREPOSITIONAL	горь**ком**	горь**кой**	горь**ком**	горь**ких**

ANSWER KEY

UNIT I

Exercise 1

1. тёща
2. домохозяйка
3. дядя
4. сестра/сестричка
5. сводный брат/братик
6. свекровь
7. тесть
8. двоюродный брат/братик
9. бабушка/бабуля
10. няня

Exercise 2

1. B
2. D
3. C
4. E
5. A
6. F

Exercise 3

1. B
2. B
3. C
4. B
5. A
6. C
7. B
8. C
9. A
10. A

Exercise 4

1. E – b
2. C – d
3. H – c
4. F – j
5. J – a
6. A – h
7. B – e
8. I – f
9. G – g
10. D – i

Exercise 5

1. влюбляется
2. встречаются
3. стеснялся
4. ссоритесь
5. обидится
6. целоваться
7. миритесь
8. обнимаемся
9. познакомиться
10. созваниваются

Exercise 6

1. выходит замуж
2. помириться
3. подружились
4. хранить секреты
5. женится
6. съезжаются
7. развестись
8. тусуемся вместе

Exercise 7

Text 1

1. братик
2. младший
3. дерётся
4. зависаю
5. обожают

Text 2

1. женится
2. познакомились
3. первого взгляда
4. свидание
5. встречаться
6. съехались
7. создать
8. ссорились

Exercise 8

1. E
2. C
3. H
4. A
5. B
6. G
7. D
8. F

Exercise 9

1. рисовала - C
2. обиделась – D
3. увидела – D
4. нарисует – B
5. положил – D
6. буду показывать – C
7. улыбнулась – D
8. понимал – A

Exercise 10

1. верить
2. поверить
3. ждать
4. захотела
5. готовить
6. подождать
7. хотела
8. приготовить

Exercise 11

1. E
2. A
3. H
4. F
5. B
6. C
7. D
8. G

Exercise 12

Conversation I
1. телефону
2. парень
3. встречается
4. свидания
5. поговорить
6. ходить

Conversation II
1. выглядишь
2. обмануть
3. созванивались
4. обиделась
5. стесняется
6. боится
7. разлюбил
8. груб

Conversation III
1. встречаемся
2. сомневаешься
3. притворяйся
4. злишься
5. занят
6. испугался
7. встречаться
8. расстаться

UNIT II

Exercise 1

1. E – c
2. H – e
3. G – a
4. A – f
5. B – d
6. I – g
7. F – b
8. D – h

Exercise 2

1. перенести приём
2. простуда
3. сделать операцию
4. медсестра
5. пройти полное обследование
6. тошнота
7. уколы
8. мазь
9. принимать лекарства
10. на больничном

Exercise 3

1. так грустен
2. x
3. x
4. молода
5. x
6. x
7. x
8. бодр
9. любознательны
10. x

Exercise 4

1. B
2. A
3. A
4. B
5. C
6. A
7. A
8. C

Exercise 5

1. так счастливы
2. велики
3. свободны
4. так зол
5. так ленивы
6. редок
7. мала
8. справедливо

Exercise 6

1. пей
2. останься
3. делайте
4. положите
5. выпей
6. клади
7. оставайтесь
8. сделайте

Exercise 7

1. B
2. A
3. C
4. B
5. A
6. A
7. C
8. B

Exercise 8

1. выздоравливаем
2. сходите
3. принима
4. запишись
5. посеща
6. улыбаемся

Exercise 9

A. Принимайте эти таблетки два раза в день. – 1
B. Меняйте эту повязку через каждые два часа. – 4
C. Пейте побольше жидкости. – 2
D. Приходите на приём через неделю. – 5
E. Записывайте показатели давления в течение дня. – 3

a. Не пей холодную воду. – 6
b. Не гуляй на улице без шапки. – 9
c. Возвращайся домой не позже десяти часов вечера. – 8
d. Не забудь помыть посуду. – 10
e. Полей цветы. – 7

Exercise 10

1. F
2. A
3. I
4. J
5. C
6. B
7. H
8. D
9. E
10. G

Exercise 11

1. подхватить простуду
2. заболела гриппом
3. сделать операцию
4. оставаться в постели
5. ты на больничном
6. меня болит спина
7. наносить мазь
8. записаться на приём
9. сдать анализы крови и мочи
10. выписать лекарство

Exercise 12

Conversation I

1. регистратура
2. записаться
3. ставить
4. жалуетесь
5. кружится
6. терапевту

Conversation II

1. посоветуете
2. давление
3. симптомы
4. не очень хорошо
5. рак
6. анализы
7. натощак
8. положить в больницу

Conversation III

1. крови
2. выздороветь
3. организму
4. исправить
5. низок
6. диете

UNIT III

Exercise 1

1. C – b
2. A – d
3. D – e
4. E – f
5. F – a
6. B – c

Exercise 2

1. Масленицу
2. новоселье
3. Радуницу
4. Дня Победы и Дня Независимости
5. Пасху
6. Новый год

Exercise 3

1. поздравляю
2. говорить тосты
3. соблюдают пост
4. желаю
5. наряжается
6. отмечать
7. лепить
8. снежные

Exercise 4

1. C – i
2. I – h
3. F – a
4. A – f
5. J – b
6. B – j
7. D – c
8. G – d
9. E – g
10. H – e

Exercise 5

1. важнее
2. короче
3. младший
4. больше
5. самое важное
6. самая шумная
7. легче
8. старше

Exercise 6

1. B
2. A
3. C
4. B
5. C
6. A
7. C
8. A

Exercise 7

1. младше
2. младше
3. старший
4. младше/моложе
5. младшую
6. старейшая/самая старая
7. старшего
8. младшим
9. старше
10. младше/моложе

Exercise 8

1. B – a
2. E – f
3. A – d
4. F – c
5. C – e
6. D – b

Exercise 9

1. гостей
2. ёлку
3. застолье
4. пост
5. Рождество
6. блины

Exercise 10

1. было приглашено
2. будет украшена
3. было устроено
4. соблюдается
5. не празднуется
6. пекутся

Exercise 11

1. Дом строится.
2. Комната убирается.
3. Подарки покупаются.
4. Яблоки хранятся.
5. Длина измеряется
6. Квартира продаётся.

Exercise 12

1. Дом построен.
2. Комната убрана.
3. Подарки куплены.
4. Яблоки будут положены.
5. Длина будет измерена.
6. Квартира была продана.

Exercise 13

1. C
2. D
3. C
4. B
5. A
6. C
7. A
8. D

Exercise 14

Новый год или Рождество?

1. праздник
2. событием
3. церковных
4. традиции
5. Дед Мороз
6. желания

Масленица

1. празднуется
2. пекут
3. устраиваются
4. чучело
5. символизирует
6. весны

Радуница

1. церковь
2. кладбище
3. показаться
4. переводится
5. застолье
6. службе

День Победы

1. празднуется
2. отмечают
3. государственный
4. торжественные
5. фильмы
6. детьми

UNIT IV

Exercise 1

1. E – c
2. A – e
3. H – f
4. B – b
5. F – d
6. C – h
7. D – g
8. G – a

Exercise 2

1. заселились
2. в отпуске
3. турпоходы
4. тур выходного дня
5. отпускные
6. документы
7. обслуживание
8. за границу
9. наш рейс отменили
10. осмотреть достопримечательности

Exercise 3

Тихий отдых

1. ухожу
2. отдых
3. туроператора
4. бронировать
5. наслаждаться

Чемоданы

1. собираем
2. необходимое
3. ручную кладь
4. косметички
5. экстремальное

Exercise 4

1. плавать
2. будем плыть
3. носит
4. летим
5. возит
6. хожу
7. несёт
8. ехать
9. бежишь
10. идём
11. водит
12. бегаешь
13. буду вести
14. ездят
15. везёт
16. летать

Exercise 5

1. B
2. A
3. C
4. B
5. A
6. A
7. C
8. A
9. B
10. C

Exercise 6

1. F – d
2. H – c
3. A – b
4. C – a
5. B – h
6. D – e
7. E – f
8. G – g

Exercise 7

1. дошёл
2. ушёл
3. прилетаешь
4. вылетает
5. подплыл
6. отошла
7. переплыть
8. вышел
9. подошла
10. пробежали
11. подлетела
12. отойдите

Exercise 8

1. поводил
2. уводите
3. придут
4. пойдём
5. полетим
6. прилетим
7. понёс
8. унёс

Exercise 9

Conversation I

1. A: похожу
3. A: приезжать
5. B: полететь
8. B: долетите

Conversation II

1. A: уйдёт
3. A: принести
5. A: пошла   выйдет
9. A: полететь
10. A: принесите

Exercise 10

1. вылетает
2. принесли
3. уезжают
4. переходим
5. обошёл, ушёл
6. выхожу
7. поплаваем
8. вожу

Exercise 11

Conversation I

1. отменяется
2. билетов
3. заранее
4. прилетел
5. проходил
6. заплатить

Conversation II

1. опоздаем
2. возьмём
3. дохожу
4. багаж
5. кладь
6. привёз

Conversation III

1. везёшь
2. подъедет
3. водил
4. загорать
5. через
6. приплыл

UNIT V

Exercise 1

1. B – b
2. F – h
3. A – e
4. H – f
5. C – g
6. D – d
7. G – a
8. E – c

Exercise 2

1. E
2. H
3. A
4. B
5. C
6. D
7. F
8. G

Exercise 3

1. договорился
2. сильная
3. рекомендательное письмо
4. онлайн
5. социальные привилегии
6. отказ
7. уверенно
8. коллектив

Exercise 4

Работа мечты

1. объявление
2. опытом
3. должности
4. социальных
5. зарплаты
6. возможности
7. откликнуться
8. удалённой

Пора искать новую работу

1. подписать
2. работник
3. входят
4. пятидневная
5. премию
6. завышенные
7. вакансии
8. обучаемость

Exercise 5

1. лежащей
2. полученное
3. составленное
4. бегущий
5. играющих
6. предлагаемые
7. спящей
8. посоветовавшего

Exercise 6

1. B
2. C
3. D
4. C
5. A
6. C
7. D
8. B
9. D
10. B

Exercise 7

1. танцующая девушка
2. поющие парни
3. установленная программа
4. обсуждаемые условия
5. подписанный контракт
6. предложенная работа
7. плачущая женщина
8. выбранный кандидат

Exercise 8

1. поющие парни
2. подписанного контракта
3. танцующую девушку
4. плачущую женщину
5. выбранных кандидатах
6. установленная программа
7. обсуждаемыми условиями
8. предложенной работой

Exercise 9

1. E
2. G
3. B
4. H
5. A
6. D
7. C
8. F

Exercise 10

1. B
2. E
3. A
4. H
5. G
6. D
7. F
8. C

Exercise 11

Pros

Job fact / Company names	WeDeliver	LogisticsPros	FromAtoB
дружелюбный начальник		✓	
самая высокая зарплата		✓	
самая хорошая страховка	✓		
4-дневная рабочая неделя			✓
отпуск 35 дней		✓	
недалеко от дома		✓	
ежегодный пересмотр зарплаты	✓		
светлый и просторный офис		✓	

Cons

Job fact / Company names	WeDeliver	LogisticsPros	FromAtoB
низкая зарплата	✓		
тесный офис			✓
короткий отпуск			
рабочая суббота		✓	
далеко добираться	✓		
грубый начальник			✓
нет страховки			✓
рабочий день начинается рано		✓	
много угроз увольнения			✓

Exercise 12

Conversation I

1. повысят
2. завышенные
3. рабочая неделя
4. премии
5. коллектив
6. объявления

Conversation II

1. пунктуальная
2. опоздала
3. удалённо
4. кричащего
5. сотрудник
6. резюме

Conversation III

1. отказ
2. опытом
3. предлагают
4. выходных
5. возможность
6. обсудим

UNIT VI

Exercise 1

1. D – b
2. G – f
3. A – h
4. B – e
5. H – a
6. E – g
7. C – c
8. F – d

Exercise 2

1. здоровый
2. сбросить
3. сократить
4. разнообразная
5. клетчатки
6. бассейн
7. исключать
8. белка

Exercise 3

Золотая середина

1. похудела
2. сбросить
3. исключила
4. углеводы
5. строгую
6. растяжек

Вредные привычки

1. вредные привычки
2. хорошей форме
3. лишний
4. жиров
5. занимаюсь
6. абонемент

Exercise 4

1. E
2. A
3. G
4. B
5. H
6. D
7. F
8. C

Note: несмотря на торты is the only adverbial participle construction.

Exercise 5

1. взвешивать
2. имела
3. сходила
4. буду делать
5. вы будете соблюдать
6. делала
7. бы не сходила
8. не спрашивают

Exercise 6

1. B
2. A
3. C
4. C
5. B
6. A
7. A
8. C

Exercise 7

1. D
2. C
3. H
4. A
5. F
6. B
7. E
8. G

Exercise 8

1. читая
2. исключив
3. занимаясь
4. взвесив
5. играя
6. сбросив
7. приготовив
8. купив

Exercise 9

1. поправившись
2. покупая
3. сделав
4. делая
5. включив
6. соблюдая
7. составляя
8. купив

Exercise 10

1. E
2. G
3. A
4. F
5. B
6. H
7. C
8. D

Exercise 11

1. взвешиваясь
2. решив
3. исключив
4. выбирая
5. похудев
6. принимая
7. решив
8. выбрав

Russian Made Easy Level 2 | *Answer Key*

Exercise 12

Conversation I

1. похудею
2. здоровый
3. форме
4. тренажёрный зал
5. взвешивать
6. исключишь

Conversation II

1. слежу
2. весы
3. избегаю
4. сбросила
5. вести
6. тренировкой

Conversation III

1. абонемент
2. домашние
3. калорийная
4. рацион
5. вредные
6. вешу

MORE BOOKS BY LINGO MASTERY

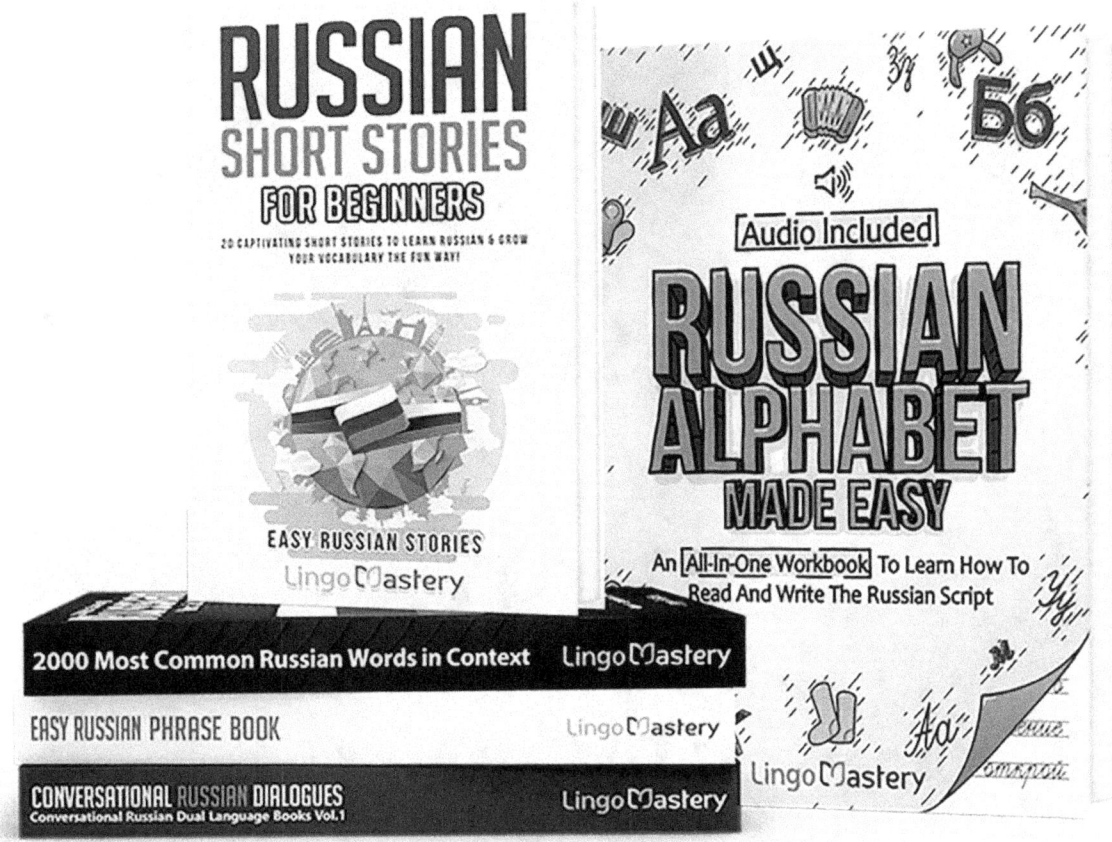

We are not done teaching you Russian until you're fluent!

Here are some other titles you might find useful in your journey of mastering Russian:

✓ Russian Short Stories for Beginners

✓ Intermediate Russian Short Stories

✓ 2000 Most Common Russian Words in Context

✓ Conversational Russian Dialogues

But we have many more!

Check out all of our titles at www.lingomastery.com/russian

www.ingramcontent.com/pod-product-compliance
Lightning Source LLC
Chambersburg PA
CBHW081445070526
44586CB00019B/2242